ADVOCACIA-GERAL DA UNIÃO

Guia completo sobre como se preparar para a carreira

IHURU FONSECA DE ASSUNÇÃO

ADVOCACIA-GERAL DA UNIÃO

Guia completo sobre como se preparar para a carreira

2017

www.editorajuspodivm.com.br

www.editorajuspodivm.com.br

Rua Mato Grosso, 175 – Pituba, CEP: 41830-151 – Salvador – Bahia
Tel: (71) 3363-8617 / Fax: (71) 3363-5050 • E-mail: fale@editorajuspodivm.com.br

Copyright: Edições JusPODIVM

Conselho Editorial: Dirley da Cunha Jr., Leonardo de Medeiros Garcia, Fredie Didier Jr., José Henrique Mouta, José Marcelo Vigliar, Marcos Ehrhardt Júnior, Nestor Távora, Robério Nunes Filho, Roberval Rocha Ferreira Filho, Rodolfo Pamplona Filho, Rodrigo Reis Mazzei e Rogério Sanches Cunha.

Capa e diagramação: Marcelo S. Brandão *(santibrando@gmail.com)*

A244   Advocacia-Geral da União / Ihuru Fonseca de Assunção – Salvador: Editora JusPodivm, 2017.
160 p. (Aprovados)

ISBN 978-85-442-1268-4

1. Provas. 2. Ministério Público Federal. 3. Didática - Métodos de ensino instrução e estudo. 4. Métodos de estudo (para casa, livro de anotações, relatórios escritos. 5. Motivação. 6. Orientação vocacional e profissional. I. Assunção, Ihuru Fonseca de. II. Título.

CDD 371.425

Todos os direitos desta edição reservados à Edições JusPODIVM.

É terminantemente proibida a reprodução total ou parcial desta obra, por qualquer meio ou processo, sem a expressa autorização do autor e da Edições JusPODIVM. A violação dos direitos autorais caracteriza crime descrito na legislação em vigor, sem prejuízo das sanções civis cabíveis.

"Nao existe talento aqui. Existe trabalho duro. Existe uma obsessão. Talento não existe – nós somos todos iguais como seres humanos. Se você dedicar o tempo necessário, você vai chegar ao topo e ser quem você quer ser. Eu não sou talentoso, sou obsessivo."

MCGregor, Conor.

Aos meus pais e eternos patrocinadores, Paulo e Angela.

Aos amigos feitos durante toda a jornada de que trata este livro e à família, pelo apoio e pela torcida.

À cidade de Recife, para a qual eu espero um dia estar de volta, em definitivo.

APRESENTAÇÃO DA COLEÇÃO

O principal propósito da *Coleção Aprovados* é direcionar você, leitor, que se prepara para uma carreira pública, com informações e dicas de quem já foi aprovado.

Notamos que a trajetória do concurseiro até a aprovação normalmente envolve etapas que costumam se repetir em quase todas as preparações, quais sejam:

– a decisão pelo concurso;

– o começo dos estudos;

– a temida fase "fiquei por uma questão";

– a possível vontade de desistir;

– aprovação na primeira fase;

– estudos e aprovação na segunda fase;

– preparação e o dia da prova oral;

– aprovação, finalmente!;

– nomeação e posse.

E, fazendo uma associação entre essa constatação e a famosa frase de Robert Baden-Powell no sentido de que *"não existe ensino que se compare ao exemplo"*, compreendemos a importância de reunir em livros relatos e dicas de preparação de profissionais aprovados nas mais diversas carreiras públicas (em excelentes colocações) a respeito do que fizeram, como estudaram e como superaram cada fase da preparação até a nomeação e posse.

Dessa forma, cada título da *Coleção* tem como foco uma carreira, da qual foi selecionado um profissional/autor que trata das etapas mencionadas no formato "depoimento" ou "entrevista", a depender do autor.

Em outras palavras, em cada capítulo do livro você poderá se sentir mais próximo de seu sonho, ao ver que a batalha para a posse, apesar de ser uma árdua caminhada, é possível de ser vencida.

A expectativa, enfim, desta *Coleção* é expor os caminhos pelos quais passou alguém que um dia desejou o que você, leitor, deseja agora.

Aproveitem e boa leitura a todos!

Mila Gouveia
Coordenadora da coleção

Mestranda em Direitos Fundamentais. Pós-graduada em Direito Público.

Advogada. Professora e Coordenadora de cursos jurídicos.

Apresentadora do *Fique por dentro dos Informativos STF/STJ* da Editora Juspodivm.

Criadora do canal "Mila Gouveia" no YouTube.

SUMÁRIO

1. O começo dos estudos 13
   1.1. Atitude para encarar concursos jurídicos 18
2. Dialética talentosos *x* esforçados 29
   2.1. Sobre o uso de redes sociais 33
   2.2. A problemática da vida social durante o processo de preparação 34
   2.3. Sobre a prática de esportes/atividades físicas 40
   2.4. Considerações adicionais 42
3. As razões de escolha pela carreira de Advogado da União 47
4. Pré-temporada: a prova da OAB 51
5. Período pré-TJPE 69
6. TJPE: as primeiras aprovações 73
7. Publicação do edital da AGU durante o curso de formação do TJPE 81
   7.1. Reta final para a prova objetiva da AGU 86
   7.2. Publicação do edital da PFN e realização da prova objetiva 87
   7.3. Sobre a (eventual) vontade de desistir 89
8. A prova da AGU propriamente dita 95
   8.1. A prova objetiva 95

8.2. Aprovado para a segunda fase 112

    8.2.1. A importância das matérias secundárias na prova discursiva 121

    8.2.2. Aspectos "materiais" das provas discursivas 128

8.3. Aprovado para a prova oral 131

9. Aprovação final, nomeação e posse 139

    9.1. A preocupação com a prova de títulos 143

    9.2. Homologação, nomeação e posse 145

10. A carreira e as suas perspectivas 147

Mensagem final 153

1
O COMEÇO DOS ESTUDOS

Ingressei na Universidade Federal de Pernambuco em novembro de 2006, após ser aprovado no vestibular realizado no ano de 2005. Optei pela turma de segunda entrada, para descansar um pouco a mente da maratona do vestibular – assim, em decorrência das greves nas universidades federais que ocorriam naquela época, só comecei a ter aulas na Faculdade de Direito do Recife já bem próximo ao fim do ano – período que normalmente corresponderia ao fim de um semestre acadêmico.

Durante boa parte dos cinco anos de curso, embora acompanhasse "de longe" o universo dos concursos jurídicos, por meio de alguns conhecidos que começavam a passar em um ou outro certame (principalmente para as carreiras de Analista de Tribunais e Ministério Público), não tive o interesse nem o tempo necessários para me preparar para concursos "para valer" – ainda estava na época de "experimentar" os diversos ramos do direito e descobrir com quais áreas de atuação e carreiras eu me identificava mais.

Assim, iniciei minha preparação para o concurso da AGU (e para concursos em geral) já bem próximo ao fim do curso de

Direito, em janeiro de 2011 – o que correspondeu ao início do último período/semestre de faculdade.

No entanto, meu contato com o universo do serviço público já havia se iniciado bem antes disso.

Ainda durante a faculdade, prestei concursos para vagas de estágio em alguns órgãos públicos: Advocacia-Geral da União (AGU), Procuradoria Regional da República da 5ª Região (PRR-5ª REGIÃO/MPF), Justiça Federal (JFPE), Procuradoria da República em Pernambuco (PRPE/MPF) e Procuradoria-Geral do Estado de Pernambuco (PGE-PE) – fiz todas essas provas ao longo do 4º e 5º semestre do curso de Direito, principalmente.

O estágio em órgãos públicos era "a" opção para mim, tendo em vista que as chances de conseguir um bom estágio em escritório de advocacia privada sem possuir carro próprio (meu caso) eram praticamente nulas. Ademais, os estágios em escritório geralmente demandavam muita dedicação em termos de tempo do estudante – o que invariavelmente se reflete em menos tempo livre de estudo, algo que não era do meu interesse naquele momento da vida.

Eu sempre estive bem longe de ser um aluno brilhante, como bem demonstram os resultados obtidos nessas seleções para estágio: fui reprovado nos exames da AGU e da PRR-5, e acabei sendo aprovado nas seleções da PRPE (em 26º lugar), da Justiça Federal (em 3º lugar, meu melhor resultado), e da PGE-PE (não lembro ao certo a colocação, mas fui aprovado bem atrás, só vindo a ser chamado muitos meses depois da realização do exame, quando o estágio já não me interessava mais).

Aguardei alguns meses até ser chamado pela Justiça Federal – curiosamente, após muito ansiar por finalmente começar o período de estágio, acabei sendo convocado por duas das seleções em que eu havia sido aprovado praticamente na mesma semana, o que fez com que eu tivesse que optar por apenas uma delas: à época, por questões de localização e maior afinidade com a carreira, acabei optando pela Procuradoria da República e desistindo de participar da JFPE.

Assim, estagiei durante 2 (dois) anos no Ministério Público Federal – ou seja, passei os 2 anos de estágio obrigatório do curso de Direito no mesmo órgão (e no mesmo gabinete). Ainda cheguei a ser convocado posteriormente para o estágio na PGE-PE, mas optei por não sair de onde estava.

Por ironia do destino, o gabinete em que passei os 2 (dois) anos de estágio no MPF era formado por uma equipe de pessoas que eram exemplos vivos de sucesso significativo em concursos, **o que já fez com que, desde aquele momento, eu passasse a visualizar a aprovação em concursos como algo plausível** e próximo da **minha realidade. Com efeito, a equipe do gabinete era formada** não apenas **por pessoas que tinham sido simplesmente "aprovadas em concursos", mas sim aprovadas nas primeiras colocações de concursos reconhecidamente difíceis.** Eram "pontos fora da curva", no bom sentido da expressão.

Para ilustrar melhor o que estou afirmando, posso dizer que o meu chefe, Procurador da República, havia obtido a 1ª colocação no concurso para ingresso na referida carreira (tradicionalmente apontado por alguns especialistas como **o concurso mais difícil do Brasil**) – além disso, ele havia sido aprovado no mesmo período para a Magistratura Federal e exercido, antes do ingresso no MPF, o cargo de Procurador Federal (também aprovado mediante concurso).

A assessora do nosso gabinete, por sua vez, havia obtido a 1ª colocação no concurso para servidores do MPU (cargo de Analista Processual).

No que toca à equipe de estagiários (naquela época eram dois para cada gabinete de Procurador), além de mim, tínhamos a estagiária que havia obtido a 1ª colocação no concurso de estágio anterior ao meu – ela já estava começando a dar seus primeiros passos nos concursos "de verdade", inclusive sendo aprovada em algumas provas objetivas de concursos das carreiras mais tradicionais ainda durante a faculdade de Direito.

Conviver com pessoas que conseguiam resultados extraordinários em concursos foi o primeiro (e importante) passo para que eu ingressasse nesse universo e começasse a mapear o que seria necessário para conseguir meus objetivos, quando fosse enfim a minha vez.

À época, além de conciliar os estudos para faculdade e o tempo de estágio, eu ainda não tinha as condições de tempo para me preparar para concursos em nível realmente competitivo – mas aquele período como "observador" foi vital para que eu começasse a tomar nota do que seria necessário para isso.

Assim que completei os 2 anos e tive meu contrato de estágio encerrado (início de janeiro de 2011), passei a realmente focar na preparação para concursos, já tendo como objetivo maior o certame da AGU – no entanto, mesmo que a minha escolha pela carreira tenha sido feita muitos meses antes de o edital ter sido publicado, meu processo de preparação para as provas da AGU acabou se desenvolvendo em várias fases, com algumas idas e vindas, como procurarei explicar nesse capítulo.

Ainda durante a faculdade (últimos semestres, já depois de ter iniciado o estágio) e pouco tempo após a colação de grau, fiz alguns concursos de verdade (ou seja, concursos para cargos e empregos públicos, e não para estágio) "por experiência". Neles, não obtive resultados expressivos: fui aprovado no Concurso para Advogado dos Correios e no concurso para Procurador Municipal de Olinda (ambos em colocações muito distantes do número de vagas ofertadas, insuficientes para dar qualquer esperança de nomeação), e reprovado nos concursos para Analista do MPU e Advogado da Petrobrás.

Posso dizer que, apesar desses resultados inexpressivos, essas experiências foram importantes para medir o grau de tempo e esforço que eu precisaria dedicar para conseguir meus objetivos, quando fosse a hora de fazer concursos "à vera".

Por outro lado, é importante destacar que, também durante o período de faculdade, sempre fui aquele aluno do "segundo escalão": estudava por livros que os professores não indicavam, deixava para ler a "xérox" dos cadernos com as transcrições das aulas faltando poucos dias para a realização das provas e não tirava notas estratosféricas – inclusive, cheguei a fazer provas de recuperação por diversas vezes ao longo do curso. Ou seja, eu realmente não seguia a "cultura do caderno" e acabava pagando o preço por isso em termos de notas e desempenho acadêmico.

Assim, posso dizer que eu era, no máximo, um "aluno esforçado", muito longe de ser avaliado como brilhante por qualquer professor (ao contrário de vários outros colegas meus). Estudioso, sim, mas não fora de série – muito longe disso, aliás.

O fato de ter estudado na Faculdade de Direito do Recife, uma das mais conceituadas do Brasil, me deu a oportunidade de conviver com pessoas brilhantes e mudou bastante meu conceito de excelência intelectual – ali, por mais esforçado que eu pudesse ser, sempre tinha a sensação de ser, no máximo, "só mais um" em meio ao exército de talentos em potencial que frequentavam a instituição.

No entanto, uma vez concluídas minhas obrigações acadêmicas (quitação das cadeiras do último semestre e reta final da elaboração da monografia) e o período de estágio obrigatório, estava claro que, independentemente de não ser um "top", já era a hora de fazer concursos "para valer" – até porque não havia outra opção disponível para mim, que não havia estagiado em escritórios de advocacia durante o período na UFPE.

Assim, o início do ano de 2011 foi o momento em que eu realmente decidi "sentar e estudar", e reuni as condições materiais para isso: bastante tempo livre, algum dinheiro para investir em materiais e cursos, e muita disposição.

1.1. ATITUDE PARA ENCARAR CONCURSOS JURÍDICOS

Independentemente de não ser um "peso pesado" da época de faculdade, **a minha mentalidade desde o início da preparação era pautada em buscar uma preparação de excelência para os concursos que eu pretendia fazer "a sério"** (o que não excluía a possibilidade de fazer alguns outros pelo caminho, sem cobrança de resultados expressivos) – estava ciente de que, para obter resultados acima da média, seria necessário fazer um esforço também acima da média.

Procuro manter a mesma mentalidade até hoje, para qualquer coisa que vá fazer na vida "a sério"– seja no meio dos concursos, seja fora dele.

É muito comum que, durante o período de preparação, você tenha dúvidas acerca do seu próprio potencial e se questione até onde pode chegar em termos de resultados – esse tipo de sentimento é amplificado quando você faz concursos "por experiência" e obtém resultados inexpressivos ou aquém do esperado. Quando isso acontece, é importante ter uma dose cavalar de serenidade e, acima de tudo, **se policiar para deixar o ego um pouco de lado durante todo o processo de preparação.**

Algumas pessoas têm uma autoconceito muito pobre de si mesmas e acabam deixando que isso se reflita nas suas expectativas em torno de quão longe podem ir em termos de rendimento: durante o meu período de preparação para a AGU, por exemplo, tendo em vista todo o meu histórico de aluno mediano durante a faculdade, por muitas vezes achei que não seria possível ser aprovado numa colocação expressiva num concurso de maior porte (seja a AGU, seja outro) – achava que estar entre os aprovados, seja qual fosse a colocação, já seria uma grande conquista, condizente com o meu potencial.

No entanto, como eu gosto sempre de lembrar e aprendi ao longo da minha jornada, sempre que falamos em concursos para carreiras jurídicas é preciso ter em mente que o Direito é um campo de conhecimento vastíssimo – considere a variedade de conceitos, institutos e temas importantes, bem como as três variantes básicas de fonte de conhecimento jurídico usualmente cobradas em provas dos concursos jurídicos mais tradicionais (doutrina, legislação e jurisprudência), por exemplo.

Em virtude de toda essa amplitude de conteúdo passível de cobrança, que se reflete em cenários de prova que beiram o infinito, é muito comum que mesmo candidatos bem preparados apresentem oscilações de rendimento – é aí que entra o "imponderável", o tal do "estar no seu dia" ou "não" – ou seja, o chamado "fator aleatório", sobre o qual você invariavelmente não tem controle algum.

Destarte, análises pautadas apenas na classificação final em um determinado concurso ou no rendimento isolado em uma determinada prova muitas vezes são feitas com base em premissas equivocadas – a linha que separa os dez primeiros daqueles que estão entre a 40ª e a 50ª colocação, por exemplo, pode ser muito tênue, a depender do certame de que estivermos falando.

Por outro lado, é impossível (por mais que seja muito incômodo admitir isso) adivinhar o que vai cair no dia da prova – principalmente das provas aplicadas nas fases mais agudas (geralmente as subjetivas, nas suas mais diversas modalidades). Cursinhos e outros serviços ligados à preparação para concursos obviamente fazem um grande estardalhaço quando conseguem "acertar o que caiu", mas a verdade é que existe, sim, uma dose considerável de imprevisibilidade presente em toda e qualquer prova jurídica a que você vier a se submeter.

Destarte, a boa preparação para carreiras jurídicas em geral (e isso vale para o concurso da AGU, por certo) deve ser focada em trabalhar os fatores que estão sob o seu controle – basicamente, o domínio do conteúdo passível de ser cobrado (tarefa praticamente infinita), combinado com a busca pela otimização da forma de assimilar esse conteúdo – seja doutrina, legislação ou jurisprudência.

Por outro lado, deixar o ego de fora durante todo o processo de preparação é extremamente importante por um motivo muito simples: quanto mais você estiver disposto a se expor (nesse caso, "se expor" significa se submeter a muitas provas, inclusive para carreiras diferentes daquela que você almeja), maior será a probabilidade de se ver diante de resultados que não são dignos de nota ou orgulho – isso faz parte do processo de preparação tanto quanto a aprovação para o cargo almejado, que é o seu objetivo final.

Assim, para ter bom desempenho em concursos de carreiras jurídicas, a primeira coisa que você precisa internalizar no fundo da alma é que você vai ter que aprender a conviver com o "não" (salvo raríssimas exceções), ainda mais se aceitar se submeter a provas de carreiras diferentes daquela que você está focando.

Enfatizo esse ponto por saber que algumas pessoas não estão inteiramente cientes do que significa o termo "se expor" em termos de concursos para carreiras jurídicas. A mentalidade de que você pode simplesmente estudar por alguns meses, a partir do dia em que o edital for publicado, fazer "a prova da vida" e ver as coisas acontecerem naturalmente vai te prejudicar bastante. Costumo brincar que essa postura é a do *"concurseiro romântico"* ou *"concurseiro de um concurso só"*.

Ao invés de adotar essa premissa romântica e idealista, eu gosto de sempre trazer à tona a imagem do atleta olímpico e de seu ciclo de treinamento para uma olimpíada, lembrando que aquele indivíduo que se propõe a fazer uma atividade que exija uma carga considerável de dedicação (como é o caso dos esportes olímpicos) deve estar ciente da importância de cultivar uma mentalidade de preparação focada em um trabalho de médio ou longo prazo.

Com efeito, um atleta olímpico inicia o seu ciclo de preparação assim que termina uma Olimpíada, que comumente marca o fim de um ciclo de 4 (quatro) anos de foco em uma competição específica – a partir dali, o competidor sabe que terá um lapso de mais 4 (quatro) anos para aperfeiçoar seus pontos fortes, trabalhar nos seus pontos fracos e se manter em forma física competitiva, de forma a atingir o auge do seu potencial justamente durante o período da competição mais importante para as suas pretensões: as Olimpíadas.

Nos primeiros meses pós-olimpíada (quando ele está no início de um novo ciclo), é natural que o atleta "dê uma relaxada" e fique mais largado – fato plenamente compreensível se considerarmos todo o desgaste natural que participar de uma competição de alto nível (a olimpíada anterior) traz a reboque.

No entanto, à medida que o tempo passa e as competições menores vão se aproximando, esse atleta vai "entrando nos eixos". Na reta final da preparação, por óbvio, os esforços tendem a ser maiores, mas é importante que ele se cuide para não "virar o fio" e passar do ponto da preparação antes do ápice do seu ciclo, entrando em *overtraining*.

No meio dos concursos, essa mentalidade se traduziria numa preparação que se inicia muitos meses antes da publicação do edital, já focada no perfil da carreira almejada e nas características usualmente adotadas pela banca examinadora responsável pela elaboração das provas.

Além disso, abrangeria a realização de quaisquer provas (de preferência presencialmente, ou seja, "para valer") que possam apresentar temas passíveis de cobrança no certame almejado.

Apliquemos essa mentalidade para o objetivo desse livro, que é tratar da preparação para o cargo de Advogado da União. Quais são as **premissas básicas** que devem guiar uma preparação de médio ou longo prazo para o cargo de Advogado da União?

Algumas são muito claras, mas é sempre importante repisá-las:

1) A primeira coisa a se ter em mente é que a AGU é uma carreira de advocacia pública. Logo, existe uma tendência de proximidade de enfoque com os concursos para as demais carreiras de advocacia pública (PGE's e PGM's, principalmente). O acompanhamento das questões mais debatidas em provas de advocacia pública para outros cargos, durante todo o processo de preparação para a carreira da AGU é, portanto, fundamental.

2) A AGU é uma carreira jurídica federal. Assim, é possível que o estudo feito para muitas das matérias cobradas em certames para outras carreiras federais (Magistratura Federal e Procurador da República, por exemplo) venha a ser aproveitado também no concurso da AGU. A realização de questões aplicadas em provas dessas carreiras, no que se refere a matérias comuns entre os certames (ainda que você possa achar que elas trazem provas "mais difíceis") tem, também, a sua importância.

3) Tradicionalmente, a banca examinadora responsável pelo concurso para Advogado da União é o CEBRASPE (antigo CESPE) – portanto, é essencial treinar, de forma exaustiva e com bastante antecedência, os formatos de

avaliação aplicados pela banca em provas objetivas (sejam elas na modalidade certo/errado, sejam de múltipla escolha), bem como atentar para as características típicas presentes nas questões presentes nos certames por ela promovidos.

Esses três pontos já são suficientes para fazer um plano de preparação, ainda que mínimo, focado no concurso da AGU: assim, aquele que opta por se preparar para a referida carreira com uma mentalidade de médio e longo prazo deve saber que é extremamente importante estar "em dia" com tudo o que se refere aos concursos de Advocacia Pública (e isso envolve precedentes judiciais correlatos às carreiras, questões de concursos recentes, discussões do dia a dia do advogado público etc.); também é primordial fazer provas de outras carreiras que cobrem as disciplinas contidas no edital do concurso da AGU; por fim, é absolutamente inafastável a necessidade de ter contato frequente e exaustivo com provas aplicadas pela banca examinadora (tradicionalmente o CESPE), mesmo que para outras carreiras jurídicas – dando preferência, claro, às mais recentes.

Em adendo a essas três diretrizes, aquele que esteja disposto a aplicar a mentalidade de preparação de médio ou longo prazo para o concurso da AGU deve também usar como norte de sua preparação o edital do concurso mais recente para a carreira, desde o momento em que faça a sua escolha pelo referido cargo.

Nesse ponto, é importante frisar o seguinte: tal escolha, para render frutos, deve ser feita com muita antecedência, e não na data em que o edital é publicado.

Costumo dizer que as primeiras colocações da grande maioria dos concursos **estão "encaminhadas" (dizer que estão definidas seria muito radical da minha parte) alguns meses antes da publicação do edital.**

Afirmo isso porque é muito comum, para quem está entrando nesse meio agora (principalmente para aqueles que foram bons alunos durante a faculdade), achar que é possível ser aprovado "nas cabeças" apenas "dando um gás" a partir do momento em que o edital é publicado.

Assim, lemos algumas vezes relatos de pessoas que não estavam sequer se preparando para determinado concurso e resolvem "se trancar" assim que o edital sai – e ainda assim acabam conseguindo a aprovação em uma boa colocação, mesmo em concursos de grande porte.

Esse tipo de situação pode acontecer, sim – e as histórias pessoais estão aí para mostrar isso.

Na imensa maioria dos casos, contudo, aqueles que conseguem ser aprovados "nas cabeças" já estão depositando as fichas na preparação para determinada carreira (ou para uma carreira muito próxima ou mesmo um perfil de carreira determinado) **muito antes de o edital ser publicado.**

Ou seja: essas pessoas apostam na preparação de médio e longo prazo e obtêm os frutos por isso.

Portanto, não vou chegar ao cúmulo de dizer que esse tipo de abordagem ("comece a estudar e se tranque assim que o edital sair") nunca terá sucesso: no entanto, não tenho dúvidas em afirmar que, *via de regra*, as pessoas que conseguem obter desempenhos consistentes em concursos para a carreira X ou Y são aquelas capazes de manter uma regularidade de estudo e de ritmo de prova que dificilmente alguém que não esteja disposto a se expor bastante e investir numa preparação de médio ou longo prazo vai conseguir.

Essa afirmação se pauta em outra premissa fundamental para um processo de preparação realmente consistente, que seja capaz de se traduzir em resultados expressivos: **a noção de que a vontade de se preparar precisa ser maior que a vontade** de vencer (frase comumente atribuída a Bob Knight, famoso ex-treinador do basquete americano).

Esse conceito está longe de ser novo, sendo exaustivamente discutido no campo da preparação esportiva, mas precisa ser transplantado para o meio dos concursos para carreiras jurídicas de forma adequada.

Vamos a um exemplo emblemático: quantas vezes você parou para ver aquele anúncio de um cursinho preparatório e se deparou com a imagem publicitária clássica do indivíduo bem-sucedido/aprovado, qual seja: terno bem cortado, ar de importante e inacessível, pinta de modelo etc.?

Pois bem.

É preciso ter em mente que tudo isso faz parte do marketing do meio dos concursos e é um expediente válido para o fim a que se destina: incrementar as vendas de determinado produto/serviço.

No entanto, deve-se entender que existe uma premissa perigosa nesse tipo de abordagem se levarmos em conta a perspectiva daquele que está focado no seu processo de preparação: **ela coloca o enfoque todo no resultado, esquecendo completamente o que leva alguém até aquela posição, que é o processo de preparação rigoroso e obstinado, encarado com seriedade e profissionalismo do início ao fim.**

Sejamos sinceros: dificilmente existirá toda essa aura de sucesso e sobriedade profissional quando você entra em um ambiente típico de estudo para concursos – quem conhece bibliotecas, salas de estudo ou mesmo quem estuda em casa sabe bem do que eu estou falando.

Portanto, para quem quer obter resultados consistentes, é importante deixar um pouco de lado todo esse "frisson" do "meio concurseiro", principalmente nos momentos mais agudos do seu processo de preparação.

A vontade de estudar e dominar as matérias que serão cobradas durante a realização das provas para o cargo almejado precisa ser (muito) maior que a simples vontade de ser aprovado, pelo menos durante o período de preparação – até porque a vontade de ser aprovado praticamente qualquer pessoa que presta concursos tem.

Ainda falando sobre a atitude ideal para encarar o processo de preparação para concursos, devo lembrar que, desde o período em que eu estava prestes a "começar a estudar", ou seja, nos últimos meses do estágio, quando já estava começando a arquitetar o meu plano voltado para a preparação para a AGU, **minha mentalidade sempre foi algo na linha de "agora que chegou a minha vez, vou estudar e fazer tudo que estiver ao meu alcance para conseguir um bom desempenho".**

A minha linha de ação sempre esteve muito mais próxima da linha do "vou fazer o que for necessário para obter uma aprovação expressiva" do que da sua antítese – o famoso "vou ver se dá", durante a maior parte dos dois anos de preparação.

Partindo dessa premissa, sempre estive disposto a estudar durante sábados, domingos e feriados e abrir mão de alguns hábitos que, embora estivessem extremamente arraigados em mim, poderiam me atrapalhar nos períodos mais críticos de preparação – acompanhar muitos jogos de futebol ou assistir muitos seriados, por exemplo.

Assim, o que deve ser sublinhado é que, **pelo menos durante o seu período de preparação (que via de regra levará muitos meses ou até alguns anos), a sua vontade e disposição para estudar precisam ser maiores do que qualquer outra coisa** (até mesmo do que o eventual sonho ou uma grande vontade de exercer o cargo) – e isso abrange deixar um pouco de lado inclusive a imagem contemplativa de alguém que conseguiu chegar no cargo público almejado, tão vendida e alardeada no "meio concurseiro".

Use a imagem do indivíduo bem-sucedido, de terno e gravata e com "ar de importante" quando você sentir que não consegue estudar mais e estiver em momentos de estafa, com o único intuito de se forçar a ir um pouco além dos seus próprios limites. Pare de se preocupar com o discurso que vai ser feito na festa de posse e se policie para trabalhar nas matérias com as quais você não tem nenhuma afinidade e podem acabar te eliminando do certame.

Voltando a fazer uma analogia com o mundo dos atletas olímpicos: por mais que obviamente um competidor de elite se visualize no pódio recebendo a medalha de ouro e ouvindo o hino do país que representa, por certo não é esse tipo de imagem que lhe consome durante os duríssimos e extenuantes treinamentos – referida imagem é apenas uma âncora, à qual ele vai recorrer nos momentos extremos, um "guia" para ser usado em situações de crise, e nada muito além disso.

2
DIALÉTICA TALENTOSOS X ESFORÇADOS

Ainda no que se refere à questão da mentalidade adequada para encarar concursos jurídicos, devemos nos deter numa breve análise do perfil médio das pessoas que conseguem ser aprovadas em boas colocações nesse tipo de certame.

Quanto a esse ponto específico, cheguei à seguinte conclusão, após participar e acompanhar vários desses certames, inclusive o da AGU: existem basicamente dois perfis de pessoas que conseguem ser aprovadas "nas cabeças" (ou seja, nas primeiras colocações dos mais variados certames): "os talentosos" e "os esforçados".

O intuito de estabelecer esses dois "tipos ideais" de aprovados não é rotular pessoas, mas apenas e tão somente indicar traços de comportamento que efetivamente fazem a diferença quando estamos falando em fazer concursos em alto nível.

Se você já leu materiais que tenham como tema a preparação para concursos, provavelmente já se deparou com a máxima de que "concurso não é para gênio".

Essa assertiva deve ser entendida em seus devidos termos – de fato, a maioria dos cargos públicos não é um universo acessível unicamente a indivíduos com algum tipo expressivo de diferencial intelectual – **o concurso da AGU, felizmente, se enquadra nessa regra geral.**

No entanto, os gênios (pessoas que realmente tenham um Q.I. acima da média) têm, sim, o seu lugar no mundo dos concursos. É muito comum, quando você faz concursos de maior expressão, ter conhecimento de indivíduos que estão "passando em tudo", e sempre nas cabeças.

Ouvimos falar, também, de indivíduos que fazem notas estratosféricas na fase objetiva, abrindo desde a primeira etapa uma margem considerável em relação aos demais candidatos – resultados que "pessoas normais", mesmo que tenham se dedicado bastante, dificilmente conseguem em condições normais de prova.

Existem pessoas, portanto, que realmente possuem uma facilidade de aprendizado e de assimilação de conteúdo – o que lhes rende resultados muito acima da média, ainda que utilizemos como parâmetro de comparação apenas pessoas extremamente estudiosas e dentro da "normalidade" no que se refere à capacidade intelectual. Esse tipo de perfil é bem raro entre os aprovados para concursos jurídicos (costumo dizer, sem qualquer pretensão de cientificidade, que não chega nem a 1% das pessoas que fazem concursos para carreiras jurídicas em geral) – mas, de fato, existe.

A grande questão é que, quando indivíduos com esse perfil intelectual combinam essa predisposição genética para o aprendizado com uma dose considerável de disciplina e determinação, invariavelmente serão capazes de conseguir as primeiras colocações dos certames de que participam.

Alguns desses indivíduos, por já terem essa facilidade de aprendizado, têm direito a algumas benesses durante o período de preparação, de forma que, mesmo com uma rotina mais "light" de estudos, demonstram-se capazes de obter resultados consistentes e muito acima do padrão de normalidade.

Para esses "talentosos", abrir mão de um final de semana ou feriado para ficar em casa/na biblioteca estudando, em períodos que normalmente seriam dedicados a momentos de descanso e diversão, parece algo sem sentido – e a verdade é que para eles isso não é de todo necessário, realmente: essas pessoas são capazes de fazer resultados consistentes com algumas horas de estudo apenas durante os dias de semana, por exemplo.

No entanto, a maioria esmagadora das pessoas que constam na lista de aprovados (inclusive nas melhores colocações) não se enquadra nesse perfil do "talentoso", mas sim no seu contraponto: o do "esforçado".

Já ouviu falar em algum amigo/conhecido que "sumiu do mapa" durante um tempo e apareceu com a notícia da aprovação em um concurso de grande expressão? Pois é.

Para a quase generalidade dos candidatos a concursos jurídicos, ser aprovado com um bom desempenho pressupõe uma rotina de sacrifícios e renúncias que a grande maioria das pessoas não está realmente disposta a fazer – é aqui que entra o "sangue nos olhos", a vontade de vencer e "o coração de campeão" que, ao fim e ao cabo, nem todo mundo possui dentro de si – contudo, por se tratar de um elemento muito mais ligado à personalidade/espírito do que a algum dote genético, não se pode dizer que essa seja uma característica inata (ao contrário do Q.I.), mas sim algo que pode ser internalizado por qualquer pessoa que realmente esteja disposta a obter bons desempenhos em concursos jurídicos.

A rigor, se pararmos para analisar friamente, chegaremos à conclusão de que **o "esforçado" tem, assim como o "talentoso", um diferencial: no entanto, trata-se de um fator muito mais ligado a questões de comportamento e mentalidade** (algo que está totalmente dentro do controle do indivíduo) do que a uma herança genética única (algo que está fora do nosso controle).

Logicamente, o conceito de "esforçado" é variável no tempo e no espaço, e maleável segundo as condições materiais e de tempo que o indivíduo tem disponíveis para executar a sua preparação – mas eu gosto de usar alguns dados da minha rotina durante os dois anos de preparação que culminaram com a minha aprovação na AGU para ilustrar o que caracteriza um candidato "esforçado":

Durante todo o período de preparação anterior ao ingresso no meu primeiro cargo público (Analista Judiciário do TJPE), sempre me policiei para estudar o **máximo de tempo** que tinha disponível **com a maior qualidade possível**. A carga horária de estudo dificilmente ficava abaixo de 10 horas líquidas por dia (fosse esse dia uma segunda-feira, uma terça-feira, uma quarta-feira, uma quinta-feira, **uma sexta-feira, um sábado, um domingo ou um feriado**) – computando nessa carga horária o tempo das aulas de cursinhos on-line e de resolução de questões, que, quando utilizadas da maneira correta, são formas eficientes de estudo.

Como ter uma sessão de estudo de qualidade?

Basicamente, fazer uma sessão de estudo de qualidade pressupõe viabilizar, dentro do seu ambiente de estudo, um **espaço com o mínimo de distrações e interrupções possível** – isso inclui, por exemplo, manter telefones e interfones desligados durante toda a sessão de estudo, evitar ao máximo acessar redes sociais durante as referidas sessões e buscar estudar em períodos em que o ambiente externo não inviabilize essa tarefa (barulho de obras e vizinhos etc.).

Durante os meus períodos mais *hardcore*, deixava para ligar o celular apenas durante o horário de almoço ou no final do dia e respondia a eventuais e-mails que recebia de amigos durante esse mesmo horário. Sempre lia esses e-mails minutos antes do almoço – o horário que eu tinha para "me desconectar" do estudo.

2.1. SOBRE O USO DE REDES SOCIAIS

Nessas fases de dedicação mais intensa, eu chegava a passar praticamente 1 (um) mês sem sequer acessar o *facebook* (a rede social mais utilizada à época, hoje acompanhada de diversas outras) – a verdade é que eu estava tão focado no meu processo de preparação que nem sentia a necessidade de acessar a rede, com aquele mar de informações inúteis/desnecessárias e que invariavelmente te fazem perder tempo que poderia ser investido no que realmente faz diferença em termos de aprovação, que é estudar com qualidade.

Ou seja: eu não perdia meu tempo com coisas como discussões sobre os rumos políticos do Brasil (algo muito comum hoje em dia), não me preocupava em postar coisas legais para ser curtido pelos amigos e conhecidos, tampouco em compartilhar notícias sobre assuntos diversos.

A par disso, outras redes sociais hoje em dia muito utilizadas ("instagram", "whatsapp") ainda nem sequer existiam ou estavam nos seus primórdios, de forma que eu não tinha qualquer contato com elas.

Atualmente, muito embora esse meu "período de expiação" já tenha passado e eu ainda faça um ou outro concurso (ou seja, continuo dentro desse meio), tenho notado que os candidatos em geral têm cada vez mais se enganado no sentido de que o estudo através de redes sociais (ou seja, o simples fato de seguir e curtir postagens feitas pelos professores de cursinhos em seus perfis de redes sociais) pode ser um substitutivo válido para o "estudo clássico" (qual seja, o famoso "senta e estuda").

Na minha opinião, isso é uma ilusão completa – as redes sociais são, pelas formas em que são estruturadas, plataformas capazes de aniquilar um elemento que é absolutamente fundamental para quem quer ter uma rotina de estudos de qualidade: a **concentração, acompanhada de reflexão, ainda que breve, sobre a matéria que está sendo estudada.**

Muito embora existam indivíduos que são capazes de acessar redes sociais por alguns poucos minutos e, logo em seguida, entrar no processo de concentração profunda necessário para uma sessão de estudo de qualidade, é fato que a grande maioria das pessoas funciona de forma diametralmente oposta: **ao acessar uma rede social, a tendência é que os minutos passem sem ser sentidos e, quando finalmente o indivíduo resolve se desligar delas para retomar a sessão de estudo, o faz de forma desconcentrada** – o que se reflete na baixa qualidade do estudo e, a médio e longo prazo, no desempenho mediano na realização das provas.

Por todos esses motivos, não tenho dúvidas de que a melhor medida para quem quer se preparar "a sério" para concursos é "dar um tempo" nas redes sociais ou então reduzir o seu uso de forma drástica (uma ou duas horas por final de semana já está de ótimo tamanho).

2.2. A PROBLEMÁTICA DA VIDA SOCIAL DURANTE O PROCESSO DE PREPARAÇÃO

Nos períodos mais críticos de preparação, é muito comum que pessoas se questionem qual é a medida certa da "vida social", ou seja, quantas vezes por semana ela está autorizada a sair de casa para fins outros que não estudar, sem que precise sentir peso na consciência por conta disso.

A resposta, na minha opinião, vai variar conforme o estágio da preparação e a proximidade da data da prova almejada.

No meu caso específico, considerando o período compreendido entre janeiro/2011 (início dos estudos) e janeiro/2013 (quando fiz a prova oral da AGU e chegou a notícia da aprovação), nunca cheguei a abolir completamente os momentos de lazer – ter válvulas de escape é necessário, tendo em vista que o processo de preparação para o candidato médio costuma ser extremamente desgastante se consideramos os aspectos mental, emocional e psicológico (tratarei dos aspectos físicos no tópico atinente à rotina de exercícios físicos).

No entanto, me parece que o "elemento-chave" para essa discussão gira em torno de **saber que as válvulas de escape devem ser utilizadas nos momentos certos – aqueles em que você está realmente saturado de estudar e precisa respirar um pouco de 'ar puro' para voltar a render.**

Destarte, quando você sentir que está no seu limite, não se martirize por ir a um show imperdível que está acontecendo na sua cidade ou ir jantar com seus amigos mais próximos – nesse sentido, procure sempre dar preferência a programações mais amenas, que não te destruam para o dia seguinte, quando você deve voltar ao processo de "sentar e estudar", independentemente do quão boa/ruim tenha sido sua programação no dia anterior.

O que você deve evitar é que, durante os períodos mais agudos de preparação, sua vida gire em torno de saber "qual é a boa do próximo final de semana": se você abre o livro com esse tipo de questionamento na cabeça, seu caminho será muito mais penoso e os resultados dificilmente virão – até porque sempre haverá candidatos dispostos a "fazer o que precisa ser feito" – inclusive alguns mais extremistas que abdicam total e completamente da sua vida social.

Assim, se você tem amigos que não estão no mesmo processo que preparação para concursos, aconselho que você deixe que eles fiquem encarregados de pesquisar a agenda cultural da cidade e te comuniquem a programação do final de semana – e que você avalie, a partir daí, se a saída realmente vale a pena.

Se você dá seu mais absoluto 100% durante o tempo dedicado à preparação (ou seja, um estudo realmente focado e concentrado, com uma carga horária decente) e aparece algum programa que você realmente queira fazer, do fundo do seu coração (um show da sua banda preferida; um jogo imperdível do seu time de futebol; o aniversário de um grande amigo), não há problema em se dar essa benesse e largar os livros por algumas horas. Digo isso porque, quando você fica enfurnado em casa estudando com aquele pensamento de "eu queria muito estar no lugar X", invariavelmente fica muito mais difícil fazer sessões de estudo de qualidade.

É importante, todavia, se policiar para que o uso dessas válvulas de escape não se torne uma rotina: **se você está mais para o lado dos "esforçados" do que dos "talentosos", pode ter certeza de que, muito provavelmente, a regularidade da sua vida noturna e a agitação em torno da sua vida social será inversamente proporcional à regularidade e consistência dos seus resultados em concursos de grande expressão.**

Então, use o expediente da saída para lazer sempre como uma *ultima ratio*, principalmente nos momentos de reta final e proximidade com a prova almejada.

Curtir a vida é importante, mas é humanamente impossível ser um *bon vivant* e obter um desempenho consistente em concursos realmente concorridos, pelo menos ao mesmo tempo – portanto, deixe para se tornar um "festeiro" quando já estiver aprovado e nomeado para o cargo que você almeja.

Procure sempre filtrar quais são os eventos que realmente merecem a sua presença – um Natal com a Família, que só se reúne poucas vezes ao ano, se enquadra nesse exemplo; por outro lado, um *rodízio de sushi* em plena noite de uma terça-feira é algo que dificilmente faz sentido para alguém que está "no gás dos estudos" – isso varia de pessoa para pessoa, por certo, mas o filtro da razoabilidade para aferir o que vale ou não a pena fazer é absolutamente imprescindível – e é uma régua/filtro que somente você saberá utilizar da forma correta, tendo em vista que o conceito de "programa imperdível" é absolutamente relativo: a saída que é importante para alguém não necessariamente o será para outra pessoa.

Um exemplo clássico desse tema, que me vem à cabeça agora, é o carnaval: por ironias do destino, alguns dos meus melhores amigos e eu mesmo já nos vimos em retas finais de prova que viriam a ser realizadas logo em seguida ao período carnavalesco (que é, tradicionalmente, um dos melhores períodos em termos de programa para diversão para quem mora em Recife – como era o meu caso antes de ingressar na AGU).

Fazendo uma rápida retrospectiva, posso citar aqui o que aconteceu nos seguintes anos:

2012 – Já com a notícia da aprovação na prova oral da AGU, estava aprovado para prestar a prova oral da PFN, que seria realizada poucas semanas depois do Carnaval. Como meu objetivo já havia sido atingido (aprovação na AGU), curti todos os dias de carnaval normalmente.

2013 – Um grande amigo meu, hoje Defensor Público, estava em reta final para um dos melhores concursos de Defensoria Pública do Brasil e saiu apenas no sábado de carnaval (ou seja, dos 4 dias de folia, ele "brincou o carnaval" em apenas um). Acabou aprovado entre os 15 (quinze primeiros) do referido concurso.

2014 – A segunda fase do concurso da PGM-Recife foi realizada no domingo pós-carnaval. Como havia estudado bastante para o certame, optei por curtir 2 (dois) dias de carnaval em Salvador, antes de me dirigir a Recife para fazer a prova. Ou seja, curti 50% do carnaval, na semana "pré-prova", quando já estava absolutamente exausto e não estava mais conseguindo render.

Meu resultado nesse concurso foi muito aquém do que eu esperava, mas não foram os dois dias de folia pouco antes da prova que fizeram a diferença, e sim o tempo que eu passei "sem estudar" antes da publicação do edital desse certame, combinado com a cobrança de questões de Direito Tributário extremamente verticais – matéria com a qual eu não tinha muito contato prático.

2015 – A segunda fase do concurso da PGE-RN foi realizada no domingo pós-carnaval. Como era um concurso no qual eu não estava focando meus esforços, optei por curtir todos os dias do carnaval em Recife/Olinda. Perdi algumas posições nessa prova de segunda fase (cerca de 20), mas acabei sendo alçado aos 15 (quinze) primeiros do concurso após a prova prática, realizada cerca de dois meses depois – que cobrou um tema com o qual eu possuía maior afinidade (parecer envolvendo licitações públicas).

O concurso da AGU, realizado entre 2012 e 2013 não chocou, nas suas fases mais agudas, com o período carnavalesco – mas não tenho dúvidas de que, por ser um objetivo que eu realmente queria, eu estaria disposto a fazer o sacrifício necessário para diminuir o número de dias de folia em prol da aprovação, se sentisse que aquilo fazia sentido para mim.

O carnaval é apenas um exemplo extremo, mas remete ao que eu considero o ponto mais importante a ser enfrentado no que diz respeito a "sair de casa" durante o processo de preparação: a atitude de "ficar em casa trancado" durante pleno carnaval é algo que, para a minha individualidade, provavelmente mais atrapalharia do que ajudaria – no entanto, não teria dificuldades em fazer esse sacrifício para outros períodos típicos "de folga" – a exemplo de um feriadão isolado ou de um final de semana que não tenha nada de muito atrativo na cidade em que eu resida – ou mesmo no próprio carnaval, se julgasse isso absolutamente necessário.

Voltando ao foco específico na preparação para o concurso da AGU, objeto desse livro, devo frisar que, considerando os dois anos de dedicação para esse certame, os únicos momentos em que eu efetivamente "larguei tudo" e "sumi do mapa" – pelo menos para as pessoas realmente próximas – foram os cerca de 3 (três) meses que antecederam a prova do TJPE e o período de reta final para a prova oral da AGU – nessas duas ocasiões, como a bola já estava "na marca do pênalti", eu simplesmente não sentia vontade de sair de casa para me divertir – queria resolver aquilo de uma vez por todas – conseguindo a minha primeira aprovação/nomeação, no caso do TJPE, e tirando uma boa nota na prova oral e confirmando a aprovação, no caso da reta final da AGU (algo que eu consegui fazer em ambas as ocasiões, felizmente).

De qualquer forma, seja qual for o filtro que você pretenda adotar para o ponto "vida social durante a preparação para concursos", é importante **ter em mente que o período de preparação** é **uma época em que invariavelmente você deixar**á **as saídas em segundo plano (ainda que não seja o caso de eliminá-las do seu cardápio completamente) e precisará concentrar os esforços e energia mental no que realmente interessa e vai te fazer passar (e passar bem) nos concursos que você realmente deseja, que é acumular horas de estudo de qualidade.**

Esse raciocínio se aplica com ainda mais força para viagens, sobretudo as internacionais: é **extremamente difícil** manter uma regularidade de estudo se você é alguém que está sempre viajando (comecei a entender bem isso depois que assumi o cargo de Advogado da União e passei a viajar com bastante frequência e ainda fazendo um ou outro concurso para cargos que eu julgue interessantes).

Quanto ao tema, é sempre bom lembrar que, além dos dias de viagem propriamente ditos, nos quais invariavelmente você estará desligado do mundo dos estudos, os dias anteriores e os posteriores acabam sendo, para fins de estudo, "dias perdidos" – os primeiros, porque você está "entrando no clima" da viagem, o que acaba trazendo uma ansiedade natural, acompanhada de uma perda de foco nos estudos; os últimos, porque você ainda está "aterrissando" em casa e voltando a pegar o ritmo da vida normal etc.

Portanto, ressalvadas hipóteses excepcionais, por mais que seja um hábito extremamente prazeroso e enriquecedor do ponto de vista cultural, meu conselho para quem quer estar "na ponta dos cascos" em termos de concurso é reduzir ou suprimir até onde for possível a realização de viagens durante o período de preparação – principalmente em situações em que o edital já foi publicado e a data da prova já está marcada, ou ainda em retas finais das fases mais agudas (provas discursivas e provas orais, por exemplo).

Não tenho dúvidas de que **todo o processo de preparação para concursos consiste basicamente em saber focar no que é essencial e cortar aquilo que é desnecessário.** Sendo assim, no que se refere aos momentos de vida social, você deve ter em mente que alguns programas podem "ficar para a próxima" (de preferência quando você já estiver aprovado), enquanto outros merecem que você abra uma exceção.

2.3. SOBRE A PRÁTICA DE ESPORTES/ATIVIDADES FÍSICAS

Nesses dois anos de preparação, me mantive durante praticamente todo o período fazendo atividades físicas regularmente – principalmente porque gosto muito de esportes, em geral.

Ia à academia pelo menos 3 (três) vezes durante a semana, gastando 1 (uma) hora a cada ida. Como na época gostava mais de musculação do que de exercícios aeróbicos, era isso que eu fazia durante as minhas horas voltadas à prática de atividade física.

No decorrer dessa jornada, houve apenas um período em que eu realmente larguei por completo as atividades físicas: os cerca de 100 (cem) dias de preparação focados no TJPE, quando eu estava no modo "tudo ou nada".

Durante esse período, perdi bastante peso (cerca de 8 a 10 kg), por conta de todo o estresse envolvido na preparação (o "vencer ou vencer" é um fardo pesado, e eu vivenciei isso durante a preparação para o TJPE), aliado às peculiaridades do meu metabolismo, que já é naturalmente acelerado (ou seja, se eu passo um tempo sem ir à academia, acabo perdendo peso, ao contrário de pessoas que acabam engordando quando não praticam atividade física).

Quanto ao resto do período de preparação, descontado esse período mais extremo, sempre me mantive fisicamente em dia, o que certamente contribuiu para que a rotina de estudos fosse um pouco menos estafante para mim.

A atividade física é, tanto quanto as saídas noturnas esporádicas, uma válvula de escape plenamente válida – no entanto, **vale também a mesma máxima do "filtro da razoabilidade"**: dificilmente você será capaz de conseguir conciliar uma rotina de *marombeiro hardcore* (ou seja, um *bodybuilder* que frequenta a academia absolutamente todos os dias da semana e finais de semana, e tem alimentação de fisiculturista) com a vida de concursos em alto nível: isso porque ambas as rotinas demandam um tipo de foco muito específico e via de regra inconciliável – o que não te impede de estar "em forma" e ser alguém com bom desempenho em provas (algo totalmente diferente do exemplo extremo a que me referi nesse parágrafo).

Por outro lado, é cientificamente comprovado que a prática regular de atividades físicas (principalmente aeróbicas) contribui bastante para o próprio processo de estudo em si, razão pela qual recomenda-se ainda mais atenção a esse ponto, que pode acabar sendo um diferencial para processos de preparação de médio e longo prazo – que são mais demorados, mas invariavelmente capazes de se traduzir em resultados mais sólidos.

2.4. CONSIDERAÇÕES ADICIONAIS

Portanto, na minha singela opinião, para ter desempenho consistente em concursos para carreiras jurídicas você precisa ter pelo menos um dos dois ingredientes: a genética diferenciada (algo que muito provavelmente você não tem, até por questões de estatística) ou a disposição para realizar um esforço descomunal em termos de preparação (via de regra, é aqui onde você deve apostar suas fichas).

Se eu precisasse me enquadrar em uma das duas caixas, certamente o faria na caixa dos esforçados – e é óbvio que assumir essa postura trará consequências para sua vida "além" do estudo.

Digo isso porque é muito comum, quando você resolve adotar essa linha de conduta, ouvir "pitacos" de pessoas dizendo que você "está exagerando na dose", que "está pegando pesado demais", que você "precisa viver", dentre outros no mesmo sentido.

Durante o meu ciclo de preparação, eu ouvi e tive contato com inúmeros comentários a esse respeito, das mais diferentes pessoas – algumas delas estudavam para outros concursos, algumas para o próprio concurso da AGU, outras eram de fora do meio dos concursos em geral.

A grande questão aqui é que, se você realmente está disposto a "comprar o barulho da sua aprovação", **vai ter que** deixar esse tipo de comentário entrar por um ouvido e sair pelo outro – você não precisa sequer entrar no debate quando ouvir esse tipo de comentário, mas é importante entender que aquilo é apenas e tão somente o ponto de vista de uma pessoa, que você deve respeitar, mas não tomar como verdade absoluta – até porque, geralmente, esse tipo de observação parte de pessoas que não tem *know how* para falar sobre concursos.

É preciso ter em mente que ouvir esse tipo de comentário faz parte da jornada e usar isso como gás para render ainda mais.

Feitas essas considerações, devo anotar que, a meu sentir, ressalvadas hipóteses excepcionalíssimas, tenho total convicção em afirmar que a maioria das pessoas que está se dedicando exclusivamente aos estudos há um tempo considerável (mais de um ano e meio, pelo menos) e ainda não logrou pelo menos uma aprovação em primeira fase, por exemplo, está nessa situação simplesmente porque **não estudou com qualidade, ou mesmo não estudou o suficiente ("facebook" e "instagram"** não contam).

O desenvolvimento de aspectos outros da rotina de estudos (número de matérias a serem estudadas por dia; fontes bibliográficas para a preparação de cada matéria; cursinhos mais recomendados) acaba não sendo tão importante quanto a postura com a qual você encara o processo de preparação em si, porque é a adoção da postura correta que vai te trazer a resposta para esses aspectos acessórios.

Na minha opinião, **principalmente quando você está iniciando a preparação para carreiras jurídicas em geral, você deve brigar consigo mesmo para conseguir estudar com o máximo de qualidade possível, durante o máximo de tempo possível.**

Eleger um foco em uma determinada carreira e adotar um edital como "o seu guia" de preparação, bem como procurar estudar o perfil das bancas examinadoras mais tradicionais é, também, aspecto de extrema importância nesse período inicial.

Ainda segundo o meu entendimento, os primeiros meses de preparação não são o momento adequado para se "medir horas" de estudo por dia, devendo ser encarados como uma oportunidade de ampliar as fronteiras do que você considera seus limites de rendimento – principalmente para aquelas pessoas que não costumavam estudar com afinco durante o período de faculdade (eu sempre fui muito estudioso durante o meu tempo livre durante os cinco anos de faculdade, em que pese não ser dos melhores alunos).

Esse início de ciclo acaba sendo um "período de expiação" pelo qual a grande maioria das pessoas que tem currículo consistente de aprovações já passou e pelo qual qualquer pessoa que realmente queira atingir um patamar de resultados dignos também terá que passar.

Ninguém precisa passar 4 ou 5 anos estudando o final de semana inteiro ou abdicando de todos os feriados que surgirem durante o ano, mas em determinado momento isso precisará ser feito, sim – e o mais aconselhável é que você aproveite os estágios iniciais da preparação para pagar esse preço, tendo em vista que a construção de uma base sólida vai te permitir alçar voos altos com um pouco menos de sacrifício, em oportunidades posteriores.

Nessa linha de raciocínio, um período "na bolha" acaba sendo um dos grandes fatores capazes de fazer com que alguém que, por exemplo, seja aprovado numa carreira que não seja o seu objetivo maior e logo em seguida seja aprovado, com apenas mais alguns meses de estudo ou pequenos ajustes na preparação, naquele concurso que realmente lhe interessa.

É óbvio que dificilmente alguém **aguentará, por exemplo, uma rotina de 10 a 12 horas de estudo por dia durante 2 ou 3 anos** – mas a verdade é que isso não é necessário para a aprovação, salvo raríssimas exceções (concursos com pouquíssimas vagas, a exemplo daqueles voltados às carreiras do Ministério Público junto ao Tribunal de Contas, por exemplo).

Trata-se, aqui, de saber aproveitar o "embalo" e o "gás" que quem está "começando a jornada" inevitavelmente deve trazer dentro de si.

Um outro aspecto importante a ser frisado: ninguém, além de você, tem aptidão para determinar o grau de esforço e dedicação necessários para alcançar os seus objetivos.

É claro que existem gradações desses conceitos – há indivíduos que possuem uma inteligência um pouco acima da média (ou seja, estão mais perto da caixa dos "talentosos" que a maioria das pessoas) e cumulam essa dose de talento com uma determinação muito acima da média –invariavelmente, esses indivíduos vão se dar bem na maioria das provas que fizerem.

Tenho defendido a tese, principalmente para pessoas que estudam há anos e nunca passaram nem sequer em uma primeira fase de concurso (a aprovação em provas objetivas deve ser encarada como algo absolutamente normal se você estiver dedicando o tempo, o esforço e a concentração necessárias), **que aqueles que estão muito longe da caixa dos "talentosos" devem se policiar para se posicionar o mais próximo possível da caixa dos "esforçados"** – ou seja, se você já internalizou dentro de si que não tem "um dom" para concursos e ainda assim quer muito a aprovação em uma determinada carreira (seja a AGU, seja qualquer outra), deve compensar isso na base do sacrifício: estude durante sábados, domingos e feriados, sempre o máximo de tempo que puder e procurando alternar as três valências jurídicas mais importantes (lei, doutrina e jurisprudência).

Dê um tempo nas redes sociais, principalmente o facebook (não importa se você usa um perfil pessoal ou um "fake de concurseiro"). Deixe para acessar o seu "instagram de concurseiro", criado apenas para acompanhar postagens referentes a concurso, apenas um ou dois dias antes da prova, quando naturalmente você estará mais saturado do processo de preparação e o grau de ansiedade estiver maior.

Restrinja o uso de aplicativos de bate papo para horários específicos do seu dia (de preferência o horário de almoço) ou no fim do dia, ou faça um perfil para ter contato apenas com pessoas imprescindíveis no seu cotidiano – família, namorada/namorado, amigos realmente próximos, principalmente.

3

AS RAZÕES DE ESCOLHA PELA CARREIRA DE ADVOGADO DA UNIÃO

Feitas as considerações sobre postura para lidar com o processo de preparação para concursos, voltemos para onde paramos: as razões da minha escolha pela carreira da AGU, já naquele início do ano de 2011.

De início, optei pela AGU por diversos motivos: em primeiro lugar, na época havia surgido a notícia da criação de 560 cargos de Advogado da União e da proximidade de um Concurso para o preenchimento dos referidos cargos, o que trazia a perspectiva de muitas nomeações – ao saber disso, me pareceu a oportunidade ideal para "resolver a vida" ainda recém-formado, ou pouco tempo depois disso.

Em segundo lugar, eu tinha a sensação de que a advocacia pública era a carreira jurídica que mais combinava comigo: meu "sonho jurídico" estava mais próximo da advocacia (embora não tivesse estagiado em escritório durante a faculdade) do que da Magistratura e do Ministério Público, por exemplo, e não me pareceu interessante (até mesmo por falta de opção) ingressar no mercado da advocacia privada recém-formado.

Em terceiro lugar, um motivo prático: ainda que conseguisse a aprovação em uma das carreiras mais tradicionais (Magistratura e MP), não seria possível tomar posse nelas em virtude da necessidade dos 3 anos de prática jurídica posteriores à conclusão do curso.

Destarte, minhas opções de escolha se restringiam a cargos de analista de tribunais/ministério público e cargos de advocacia pública que não exigissem os 3 anos de "experiência jurídica" posteriores à conclusão do curso de Direito.

Também fui influenciado por alguns amigos que já eram um pouco mais experientes na área dos concursos do que eu, que também optaram por focar na preparação para a AGU, por se identificarem com a carreira e pela soma de todos esses outros fatores mencionados.

Assim, desde o início tive os rumos da minha preparação bem definidos no sentido de que enfrentaria uma prova de um "concurso grande", federal, muito provavelmente promovida pelo CESPE (que havia sido a banca examinadora do concurso anterior), com 200 questões no formato certo/errado (formato da prova objetiva anterior), com bastante ênfase na cobrança de jurisprudência e um nível de verticalização maior nas disciplinas mais afetas ao dia a dia do advogado público, em geral, e do Advogado da União, em particular, quais sejam: num primeiro plano, Direito Administrativo, Direito Constitucional, Direito Processual Civil, sem esquecer da importância de matérias como Direito Ambiental, Internacional e Financeiro e Trabalhista, num segundo plano.

Por também haver a notícia de proximidade do concurso da PFN, que tem um edital pelo menos próximo ao da AGU, esse rol de "matérias da linha de frente" da minha preparação ganhou, ainda, o Direito Tributário – embora, ao longo do período de preparação, eu tenha deixado essa ênfase em Direito Tributário para trás em favor de determinadas disciplinas que estavam "na crista da onda" – a exemplo do Direito Ambiental.

Assim, a totalidade do material por mim utilizado durante a preparação – e aqui eu falo tanto da bibliografia especializada para concursos quanto das aulas de cursinhos e materiais voltados para o treinamento de questões – foi filtrada com o intuito de enfrentar uma prova com características bem definidas.

Portanto, mesmo que tenham ocorrido alguns outros certames de advocacia pública mais ou menos na mesma época em que se desenrolou o concurso da AGU (PGM-Maceió, PGM-João Pessoa, PGE-SP, e até mesmo a PFN) – sendo que inclusive eu cheguei a me inscrever e fazer as provas pertinentes a dois deles – meu foco era apenas e tão somente em uma carreira (com um perfil de prova típico) – e isso fez toda a diferença para a minha aprovação, conforme você poderá concluir após ler o restante desse livro.

4

PRÉ-TEMPORADA: A PROVA DA OAB

Depois de fazer a opção pela carreira de Advogado da União, e já pensando em uma preparação sólida antes de o edital sair, havia um desafio prévio que eu precisaria superar antes de focar exclusivamente nos estudos para a AGU: a prova da OAB – sem a aprovação na Ordem, não seria possível ser nomeado e empossado como Advogado da União, e em razão disso não havia outra opção a não ser conseguir a aprovação no exame durante aqueles poucos meses que faltavam para a minha colação de grau.

Sendo assim, encarei a preparação para a OAB como o ponto de partida para o meu ciclo de estudos para concursos – à época, já tinha em mente que era necessário estudar uma carga considerável de horas para conseguir aprovações em boas colocações (o que pode significar, em muitos casos, a diferença entre ser ou não nomeado, que é o que realmente interessa: aprovações sem perspectiva de nomeação não servem para absolutamente nada).

Em termos de carga horária inicial, adotei como parâmetro o indivíduo com resultados mais expressivos que eu conhecia: em conversas com o meu ex-chefe no MPF, ele me relatava que, na época em que tinha o tempo inteiramente livre para estudar, chegava a estudar 12 (doze) horas por dia, e aproveitava cada minuto que tinha disponível – inclusive quando estava se locomovendo para a biblioteca em que estudava (ou seja, aproveitava até mesmo o tempo em que estava no ônibus para estudar). Não à toa, foi aprovado em 1º lugar no concurso do Ministério Público Federal.

Na mesma linha, nossa estagiária-prodígio começava a ser aprovada nas provas objetivas de concursos para carreiras com concursos de várias fases (DPE-AL, por exemplo) e conseguir aprovações em boas colocações em concursos de carreiras de poucas fases (ela chegou a ficar em 4º lugar no concurso para Analista Processual do MPU, realizado em 2010), com uma dedicação intensa aos estudos inclusive em sábados, domingos e feriados.

Essas duas pessoas foram o meu parâmetro em termos de definir o "quanto você precisa estudar para conseguir bons resultados em concursos" – questão totalmente subjetiva, como eu viria a descobrir ao longo da minha jornada, mas naquela época foi muito importante ter referências nas quais eu pudesse me espelhar.

Ter essas referências, friso mais uma vez, foi vital para que eu conseguisse bons resultados por mim mesmo – nunca me faltaram exemplos próximos de pessoas que já haviam conseguido ou estavam conseguindo sucesso e bons resultados em concursos concorridos e difíceis – restava a mim saber até que ponto eu poderia chegar.

A prova da OAB seria, então, meu laboratório: resolvi estudar bastante para o Exame da Ordem, já para a prova de primeira fase – estudava por materiais específicos para o exame, que traziam o material resumido e o texto legal condensado, e me preocupei em estudar absolutamente **todas as matérias**.

Acredito que quando você realmente tem tempo livre, é importante dividi-lo de forma a abranger todas as disciplinas cobradas numa determinada prova (ainda que a segunda fase foque apenas em uma disciplina específica, como é o caso da OAB) – até **porque aquele estudo provavelmente vai lhe ser útil no futuro, por mais que você inevitavelmente não tenha afinidade com determinados campos do Direito – ninguém é "bom em tudo" e todos nós temos matérias preferidas, mas é importante ter a noção de que dificilmente um candidato que não tenha chegado ao "mínimo existencial" pelo menos na maioria das disciplinas jurídicas cobradas no edital será capaz de apresentar resultados consistentes.**

Na época, meu tempo livre foi preenchido basicamente com o estudo para a primeira fase da ordem, além de duas horas diárias dedicadas à elaboração do Trabalho de Conclusão de Curso da Faculdade. Em termos de carga horária, como praticamente não tinha mais obrigação de comparecer à Faculdade, (sem contar o tempo dedicado à monografia) o tempo dedicado ao estudo para a prova girava em torno de 10 horas por dia, de segunda a segunda.

Foram cerca de 40 (quarenta) dias mantendo esse ritmo, até a data de realização do Exame de Ordem 2010.3, que estava marcado para acontecer no dia 13.02.2011. Como matéria específica para a segunda fase, havia "seguido o fluxo" da quase totalidade dos amigos e conhecidos que já haviam prestado ou iriam prestar a prova e optado por Direito do Trabalho.

Por ironia do destino, contudo, mesmo tendo estudado bastante para fazer a prova da OAB ainda no início de 2011, **acabei sendo barrado no dia da realização do exame**: após mais de um mês mantendo um ritmo dos mais intensos, cheguei atrasado na prova da primeira fase, por ter me confundido com o horário de verão – ou seja, fui simplesmente barrado depois de passar mais de um mês praticamente trancado em casa para o que seria a minha "estreia" – esse incidente fez com que eu fosse obrigado a ver a maioria dos meus colegas de turma serem aprovados na OAB antes de mim, mesmo sabendo que eu estava tão bem preparado para a aprovação quanto eles.

Na ocasião, me dirigi ao meu pai (que havia me levado ao local de prova) e disse a ele que ficasse tranquilo, **pois a próxima prova seria realizada em mais alguns meses e eu não só seria aprovado, como tiraria a maior nota, em resposta àquele incidente.**

Aquele episódio serviu de aprendizado para que, no futuro, eu mantivesse o hábito de ser um dos primeiros a chegar em qualquer prova que fosse prestar, geralmente com mais de uma hora de antecedência.

De qualquer forma, declarações orgulhosas à parte, é fato que quando esse pequeno acidente aconteceu, me vi em meio a uma encruzilhada: obviamente teria que me submeter à prova da OAB mais uma vez, mas tudo indicava (leia-se: notícias de fóruns e alardes em *sites* de cursinhos preparatórios) que o edital da AGU sairia em poucos meses.

Assim, eu teria que dar um jeito de conciliar essas duas demandas: estudos absolutamente diferentes, tendo em vista que, se fosse aprovado para a segunda fase do Exame de Ordem nessa "segunda tentativa", teria que me focar basicamente no estudo de uma única disciplina, enquanto que na prova de primeira fase da AGU (que em tese estava próxima de acontecer) eu seria cobrado com profundidade em vários ramos do Direito, nos quais obviamente ainda estava muito "verde" (tendo em vista o pouco tempo de preparação).

No entanto, não havia como escapar ou deixar para depois a realização do Exame da Ordem.

Assim, como teria que fazer a prova da OAB mais uma vez e já havia passado praticamente um mês estudando materiais específicos para a primeira fase do exame até perder o horário da primeira ova, achei melhor priorizar o projeto maior, que era a aprovação na AGU.

Pensando dessa forma, quando da inscrição para aquela "segunda vez" na OAB optei por eleger, como matéria da 2ª Fase na Ordem (escolha que tinha que ser feita no momento da inscrição, ou seja, antes mesmo da prova de primeira fase), Direito Administrativo – fiz isso por já estar bem consciente de que, em termos de Advocacia Pública (caso da AGU), o conhecimento verticalizado desta matéria seria absolutamente imprescindível para a aprovação.

Lembro que, naquela época, a "moda" era optar por Direito do Trabalho como matéria para a 2ª fase – quase 80% (ou mais) dos candidatos ao Exame de Ordem optavam por esse caminho, mesmo aqueles que não tinham qualquer afinidade com a área trabalhista.

Eu mesmo segui a onda na primeira tentativa, em que acabei barrado.

Em conversas com amigos e conhecidos já aprovados na OAB, era comum o espanto quando eu dizia que tinha optado por fazer a 2ª fase em Direito Administrativo, pensando no meu objetivo de médio prazo, que era a aprovação na AGU.

Ouvi comentários no sentido de que era raro alguém escolher Direito Administrativo para a 2ª fase, que ninguém sabia o que seria cobrado, que a prova devia ser muito difícil, entre outras conjecturas.

Na minha cabeça, a razão da escolha por Direito Administrativo nessa segunda tentativa era bem clara: ao mesmo tempo em que corria atrás da aprovação na OAB, pressuposto imprescindível para tomar posse em qualquer cargo de advocacia pública, estava aprofundando o conhecimento naquela que seria uma das grandes "cartas na manga" para a aprovação no concurso que eu queria.

Quanto ao material utilizado para a preparação para a minha "segunda" prova da OAB, como não via muito sentido em revisar o material que eu havia utilizado para estudar para a prova de primeira fase da Ordem, geralmente sem grandes aprofundamentos e focado na "lei seca", optei desde aquele momento por já ir me familiarizando e tendo contato com a bibliografia especializada para concursos (livros que cumulam doutrina, jurisprudência e os principais dispositivos legais, além de trazerem questões de concursos anteriores para otimizar a fixação da matéria) – com efeito, eu tinha acesso a muito material do ramo, por ter convivido com pessoas que já haviam começado a se preparar para concursos "a sério" antes de mim.

Fiz esse processo de familiarização com material especializado para concursos por etapas – num primeiro momento, foquei a leitura dos famosos "cadernos de cursinhos", que trazem as aulas transcritas, acompanhadas de citações de artigos e de julgados correlatos ao tema discutido – li cadernos de praticamente todas as matérias. Li também alguns livros que tem como proposta trazer as principais matérias de forma mais resumida, a exemplo do Resumo de Direito Administrativo Descomplicado, de Marcelo Alexandrino e Vicente Paulo.

Foi nessa época de início de preparação em que comecei a assinar os serviços das famosas "atas de questões", que buscam simular o formato das provas para as mais diversas carreiras, em rodadas de questões objetivas e subjetivas disponibilizadas aos assinantes com um determinado prazo para resposta – o serviço que assinei tinha periodicidade semanal, e permaneci acompanhando-o e utilizando-o durante praticamente todo o período de preparação (com exceção dos meses em que estudei para o TJPE, conforme explicarei mais à frente).

Não tenho dúvidas em afirmar que o acesso a esse tipo de material foi um grande diferencial para que a preparação de médio prazo focada na carreira da AGU tenha dado certo – ao acompanhar as atas, eu já estava treinando peças, pareceres e questões dissertativas bem antes de o edital sair e tendo contato com temas cotidianos da carreira, que sempre tem uma probabilidade considerável de serem cobrados em provas.

Outro aspecto interessante desse tipo de serviço é que algumas respostas são eleitas para serem divulgadas posteriormente, e, como vez ou outra eu conseguia aparecer entre as boas respostas, aquilo serviu para fortalecer a minha confiança e ter a segurança de que a preparação estava seguindo o caminho certo.

A resolução das questões trazidas nessas atas desde cedo foi importante porque me permitiu começar a entender melhor a dinâmica de resolução das questões objetivas elaboradas pela banca examinadora (usualmente o antigo CESPE, atual CEBRASPE) – por mais que a minha preparação em algumas matérias ainda estivesse em estágio muito inicial, como em Direito Previdenciário e Direito Penal e Processual Penal, questões em que eu "chutava" praticamente tudo.

Esse material também me deu a oportunidade de me habituar aos aspectos práticos da realização de provas discursivas, que exigem um outro tipo de abordagem em comparação às provas de primeira fase.

Ademais, a publicação dos resultados e de rankings com os demais alunos assinantes das atas era um bom termômetro para aferir como estava o meu rendimento considerando o padrão médio dos demais candidatos – é claro que não se deve tomar esses rankings como verdades absolutas, mas eles já são um bom começo e te permitem fazer uma autoavaliação focada em quais valências devem ser trabalhadas para um melhor desempenho na prova de verdade.

Assim, é legítimo afirmar que fui fazer a prova da OAB já estudando para o concurso da AGU, com material bibliográfico e serviços de questões totalmente direcionados para o referido certame.

Quando fui tentar a OAB pela segunda vez, portanto, todo o meu investimento de tempo, energia e dinheiro disponíveis, era, fundamentalmente, voltado à aprovação no concurso da AGU.

Ademais, a lição de ser barrado anteriormente fez com que eu fosse, na data da realização da segunda tentativa no Exame de Ordem, um dos primeiros a chegar no local de prova, a fim de evitar qualquer novo imprevisto.

É importante destacar que houve um espaço de tempo considerável entre as minhas tentativas na OAB: a prova que eu deveria ter feito foi realizada em 13/02/2011, enquanto a prova que eu realmente fiz ocorreu em 17/06/2011 – um hiato de 4 meses, durante os quais eu me mantive com uma carga brutal de estudos (regime de dedicação praticamente exclusiva), já com foco na AGU e sem tanta preocupação com a OAB, aproveitando o "apagar das luzes" na faculdade e o desencargo de ter apresentado a monografia e ter concluído o período obrigatório de estágio.

Naquela época, principalmente depois de ter apresentado a monografia, como não havia praticamente mais nenhuma obrigação acadêmica (salvo um ou outro trabalho para as cadeiras eletivas), chegava a estudar 12 horas líquidas por dia – num dia ruim, estudava umas 10 horas/dia líquidas.

Embora tivesse o hábito de concentrar a maior parte dessa carga horária de estudos na leitura de bibliografia especializada para concursos (os famosos esquematizados, sistematizados, resumos e cadernos etc.), como forma de não me saturar demais e fazer apenas um tipo de estudo, comecei, também nesse período, a acompanhar aulas de um Curso on-line regular voltado para a carreira da AGU, que tinha uma carga horária estrondosa. Assisti a boa parte das aulas do curso, o que me permitiu revisar e aprofundar o que já havia estudado para a "primeira tentativa" da prova da OAB.

Foi o primeiro curso de aulas on-line que fiz e, desde então, para qualquer concurso que prestei, mantive esse hábito.

As vantagens de um bom curso on-line são inúmeras: você não tem que lidar com atrasos seus e dos professores, tem a prerrogativa de fazer o seu horário e escolher quando e quais matérias vai estudar – ou seja, tem total autonomia para fazer o seu próprio calendário. Ademais, não vai ter que enfrentar trânsito caótico das nossas metrópoles (o que, dependendo da cidade, é um diferencial em termos de carga horária muito significativo) e pode até mesmo assistir às aulas novamente. Ademais, as fontes de desconcentração típicas de aulas presenciais não existem – basta usar um fone de ouvido e se concentrar no que o professor está falando.

Minha capacidade de assimilar o conteúdo por aulas on-line se mostrou muito boa desde o primeiro momento, então, para mim, foi um investimento que valeu muito a pena.

Foi nessa época também em que me preocupei em trabalhar a minha velocidade de leitura: tinha a sensação de que lia muito devagar: durante a faculdade, minha média de páginas lidas, considerando os livros de doutrina usualmente utilizados nas faculdades, dificilmente passava de 10 páginas/hora.

Assim, pesquisei alguns *softwares* de leitura dinâmica na internet e passei a utilizá-los numa base quase diária, o que fez com que a velocidade de leitura facilmente duplicasse sem qualquer prejuízo para fins de compreensão e retenção do conteúdo estudado.

Então, durante esses meses, eu já desenvolvi algumas das bases que me norteariam durante todo o período de preparação para a prova da AGU.

Assim, já com leitura dinâmica, atas de questões e curso *on-line* voltado para a prova da AGU chegou, enfim, a hora da "segunda tentativa" na Prova da OAB.

Muito embora a prova da OAB tivesse, naqueles tempos, um formato mais legalista, o estudo que eu vinha desenvolvendo pensando na prova da AGU se mostrou absolutamente suficiente para aprovação na 1ª fase do Exame de Ordem: consegui ir para a 2ª fase sem grandes sobressaltos, fazendo mais de 60 acertos em uma prova com 80 questões – o que, para aquela prova, podia ser considerado um bom resultado.

Após ser aprovado na 1ª fase da OAB e da divulgação da data da prova de segunda fase, a ser realizada em 21/08/2011, influenciado mais uma vez pelas notícias de que "o concurso da AGU estava para sair", optei por fazer uma preparação extremamente enxuta para a segunda fase do exame de ordem: me mantive estudando todas as matérias cobradas no edital anterior da AGU, resolvendo as questões trazidas nas atas de questões e assistindo as aulas do curso on-line em que havia me matriculado, como já vinha fazendo nos últimos meses.

Assim, decidi que faria apenas um curso de redação de peças e uma revisão mais profunda da matéria (lembre-se que escolhi Direito Administrativo) quando a prova estivesse realmente próxima.

Destarte, quando faltavam exatas duas semanas para a realização da prova de 2ª fase da Ordem, larguei o estudo das outras 15 matérias cobradas no concurso da AGU e me dediquei única e exclusivamente ao estudo do Direito Administrativo – nessas duas semanas, revisei o que havia sido ministrado no curso de peças específico para a OAB, com ênfase nos aspectos e nuances formais de cada uma delas, e li integralmente o manual de Direito Administrativo com o qual possuía mais intimidade.

Esse processo foi importante para revisar e refletir melhor sobre todo o conteúdo da matéria, bem como estudar os seus conceitos fundamentais de forma exaustiva – algo que você dificilmente vai ter oportunidade de fazer quando tem um programa de 15 ou 16 matérias para cobrir, como era o caso da minha preparação para a AGU.

No dia da prova de 2ª fase da Ordem, lembro muito bem que, dentre as pessoas que fizeram a prova na minha sala, **apenas eu havia optado pela prova de Direito Administrativo**.

Após ler os enunciados das questões da prova, vi que havia feito a escolha certa, tendo me deparado com uma prova extremamente tranquila (e de certa maneira previsível), envolvendo questões que envolviam temas tradicionais da matéria – os quais eu havia estudado de forma exaustiva nas duas semanas que antecederam a data do exame.

Foram cobradas questões em torno da responsabilidade civil do Estado, bens públicos e institutos correlatos (ocupação temporária de bens e requisição), além de temas envolvendo concessão de serviços públicos e, ainda, poder de polícia. Enquanto eu lia os enunciados, não pude deixar de rir um pouco, ali, no meio da sala, lembrando de todos os comentários e conselhos que havia recebido no sentido de evitar a prova de Direito Administrativo na segunda fase da OAB.

Ao contrário do que acontece em geral nas provas do CESPE (banca que tradicionalmente realizava os concursos da AGU), a prova da OAB não costumava fazer cobrança radical da jurisprudência dos Tribunais Superiores, sendo uma prova eminentemente conceitual – o que, para o estágio de preparação em que eu me encontrava, era extremamente positivo.

Embora já naquela época soubesse da importância de acompanhar regularmente os informativos dos Tribunais Superiores, ainda tinha a sensação de que, por mais que eu os lesse de ponta a ponta, na maioria das vezes não conseguia assimilar o teor dos julgados – naquela época, ainda não havia sido lançado o famoso e extraordinário site do Dizer o Direito, que viria a revolucionar o estudo da jurisprudência para fins de concurso (e mesmo para a prática jurídica, num panorama mais amplo).

Então, pode-se dizer que, em termos de concurso, ainda estávamos num tempo em que o conhecimento da jurisprudência podia ser considerado um verdadeiro diferencial na preparação do candidato – hoje em dia, com a popularização do referido site e com o surgimento de diversos outros serviços que envolvem a análise dos informativos, o estudo pormenorizado da jurisprudência deixou de ser um diferencial para a aprovação em boas colocações e **passou a ser um verdadeiro pressuposto para bons resultados, sem o qual é impossível cogitar um rendimento satisfatório** – muito embora ser um repositório de jurisprudência ambulante não seja, por si só, um elemento suficiente para uma aprovação em boas colocações.

Voltando à prova da OAB, entre todos os candidatos que fizeram a prova da 2ª fase naquela oportunidade, fui o primeiro a acabar a prova e sair do prédio em que ela estava sendo realizada – quando isso acontece, geralmente é um sinal de que eu fui bem, e eu já tinha essa sensação no momento em que sai da prova.

Realizada a prova de segunda fase da ordem, portanto, em 21/08/2011, aproveitei os dias seguintes para retornar com ainda mais gás a carga de estudos para a AGU. Comecei a utilizar um cronograma mais organizado, feito por mim mesmo, em que dividia os 7 dias da semana em períodos capazes de abranger absolutamente todas as matérias cobradas na AGU – embora obviamente tivesse mais dificuldade com algumas delas (Previdenciário sempre foi o meu calo), sempre procurei, na medida do possível, encaixar uma carga horária ainda que mínima para cada uma das disciplinas do edital. Assim, dificilmente passaria mais de uma semana sem dar pelo menos uma olhada em cada uma das matérias cobradas no último edital da AGU.

É importante destacar aqui que eu sempre pautei minha divisão de horários e de matérias a serem estudadas pelo edital do Concurso anterior, que havia sido publicado em 17 de novembro de 2008.

Assim, com base nesse edital anterior, eu tinha que estudar, basicamente, as seguintes disciplinas:

- Direito Administrativo
- Direito Constitucional
- Direito Financeiro
- Direito Econômico
- Direito Tributário
- Direito Ambiental
- Direito Civil
- Direito Processual Civil
- Direito Comercial
- Direito Internacional Público
- Direito Penal
- Direito Processual Penal
- Direito do Trabalho
- Direito Processual do Trabalho
- Direito da Seguridade Social

Ao fazer essa organização, adotei algumas premissas, que servem para qualquer concurso de advocacia pública: determinadas matérias, dado o seu grau de importância para o dia a dia da carreira e a cobrança rotineira em provas, devem ser estudadas absolutamente todos os dias, em rodízio.

Nessa categoria, enquadrei Direito Constitucional, Direito Administrativo, Direito Processual Civil (com ênfase nos materiais referentes ao Poder Público em Juízo) e, ainda, Direito Tributário (que, embora não fosse uma matéria base da AGU, seria importante para o concurso da PFN, que também estava "para sair" e tinha um edital bem próximo da AGU, mas com grande aprofundamento na área tributária, especialmente no tocante aos tributos federais).

No que se refere a essas disciplinas, sempre me policiei para que houvesse um contato mínimo com pelo menos duas delas por dia, de forma alternada – assim, ao longo de uma semana, haveria feito, no mínimo, 14 (quatorze) sessões de estudo dessas matérias-base.

Quanto às demais matérias, adotava um rodízio diário que me permitisse estudar o máximo de disciplinas durante a semana, buscando um contato, ainda que mínimo, com cada uma delas, durante o ciclo semanal de 7 (sete) dias – nesse esquema, acabei negligenciado bastante o estudo do Direito da Seguridade Social (comumente chamado de Direito Previdenciário), com o qual não sentia nenhuma afinidade.

No que se refere a esses ramos do Direito tido como "menos importantes" para a prova da AGU, eu buscava seguir o meu bom senso e adotar materiais de profundidade compatível: assim, em nenhum momento da minha preparação eu utilizei, por exemplo, um material de estudo muito denso de Direito do Trabalho e Processo do Trabalho, ou parei para ler alguma coleção de muitos volumes de Direito Penal.

Pensando ainda nessas disciplinas "secundárias", costumava reservar o horário de estudo delas para os dias em que eu tendia a estar mais desconcentrado ou cansado (notadamente sexta-feira à tarde e sábado, ou no final dos demais dias da semana) – Penal e Processo Penal ficavam para a sexta-feira à tarde, por exemplo.

No que se refere à duração das sessões de estudo, sempre busquei estudar cronometrando o tempo, fazendo períodos de 50 a 55 minutos e dando pausas também cronometradas, com duração entre 5 a 10 minutos – o que eu chamo de uma "sessão" de estudo.

Quando sentia que estava embalado e rendendo bem no estudo de alguma matéria, fazia duas sessões seguidas de estudo da mesma disciplina, mas sempre me preocupava em estudar pelo menos umas 5 disciplinas por dia – isso sempre funcionou para mim porque me dava a sensação de não ficar muito preso a um ponto/matéria do edital, além de estar evoluindo em diversas frentes (o que não acontece quando você estuda apenas uma ou duas disciplinas por vez, por exemplo).

Veja, portanto, que meu cronograma de preparação sempre foi muito maleável.

Para aferir a progressão do estudo de cada uma das matérias, sempre que finalizava a leitura de determinado assunto, ia num arquivo eletrônico que continha o edital do concurso anterior e grifava aquele ponto no edital, de forma a controlar os itens que já haviam sido e os que ainda deveriam ser estudados.

Adotei essa rotina de estudo simultâneo de várias matérias como mote fundamentalmente por sempre ter gostado de buscar uma visão global do Direito, do ordenamento jurídico como um todo, que me permitisse, por exemplo, invocar dispositivos de outros diplomas legais que tivessem alguma relação com o tema estudado ou abordado em determinada questão.

Algum tempo depois da prova da OAB e já adotando essa linha de estudo "mais organizada", com a divulgação dos resultados do exame da Ordem, veio a notícia da minha aprovação naquele primeiro desafio, com uma boa nota na 2ª fase: um 9,5 que me deu esperanças e a confiança de que havia feito a coisa certa.

A aprovação na OAB foi uma ótima notícia, mas a verdade é que eu estava tão focado na preparação para a AGU que nem sequer cheguei a comemorá-la – naquela época, a minha preocupação era justamente não entrar num clima de "oba-oba" que viesse a atrapalhar o meu ritmo de estudo e me desviar do que realmente me interessava, que era passar na AGU.

Assim, embora não tenha cumprido a promessa que fiz ao meu pai de conseguir a maior nota na prova da OAB (algumas pessoas tiraram 10,0 na prova de segunda fase), a aprovação com uma boa nota acabou sendo uma resposta satisfatória ao incidente ocorrido na prova anterior.

Havia, enfim, resolvido o problema da OAB.

A notícia da aprovação saiu em 13/09/2011, poucos meses depois da minha colação de grau. Na ocasião, portanto, eu já estava no modo "concurseiro profissional", contando com o dia inteiro livre para focar na preparação para a prova da AGU.

Faltava, agora, ser aprovado no Concurso da AGU – uma tarefa muito mais complexa e custosa do que a aprovação na Ordem.

Ao mesmo tempo, muito embora as notícias de que o concurso da AGU estava "para sair" continuassem a todo vapor, ainda não havia nenhum sinal concreto do Edital.

Diante desse panorama, que se manteve durante alguns meses, passei a me ver numa encruzilhada: ao mesmo tempo em que imprimia um ritmo brutal de estudos, não via nada de muito concreto a respeito do concurso que eu queria – o que, muito embora não tenha me feito desanimar ou diminuir o ritmo e a carga horária de estudos, me incomodava bastante – sobretudo por ter consciência de que o concurso da AGU, por se desenvolver em várias etapas, costuma durar uma quantidade considerável de meses entre a publicação do edital e o resultado final – tempo que eu não estava disposto a esperar para ingressar no serviço público.

5
PERÍODO PRÉ-TJPE

Durante esses meses de incerteza, cheguei a fazer mais um concurso por experiência: o TRT-20ª Região, para Analista Judiciário, no qual fui aprovado na 160ª colocação – nada de extraordinário.

Não foi um resultado que teve qualquer influência na minha preparação: foi apenas um desses concursos que você "faz por fazer", com o intuito de não passar meses sem ficar completamente parado, sem fazer pelo menos uma prova de verdade.

Na verdade, esse concurso do TRT-20ª Região serviu para que eu tirasse uns 2 ou 3 dias antes da prova para estudar apenas Direito do Trabalho e Direito Processual Trabalhista com um pouco mais de calma – algo que, embora não tenha rendido uma boa classificação nessa prova em específico, acabou sendo "mais um grão" no caminhão de areia que resultou na aprovação no concurso da AGU.

Por outro lado, tirando esses 2 ou 3 dias que antecederam a prova do TRT-20, me mantive estudando por aquele cronograma que me permitia, durante o intervalo de 7 dias, ter um contato (ainda que mínimo, nos casos de matérias que eu julgava menos importantes para o concurso) com todas as disciplinas contempladas pelo Edital.

Acontece que, como frequentemente ocorre no meio dos concursos, o edital da AGU continuava no *status* "muito próximo de sair", o que me deixou bastante inquieto – **depois de aprovado na AGU, cheguei a fazer alguns cálculos e notei que, entre as primeiras notícias veiculadas em fóruns e sites de cursinhos no sentido de que o edital estava "muito próximo de sair" e a data em que ele efetivamente foi publicado, havia se passado mais de 1 (um) ano. Além desse tempo de espera pela publicação do edital, o próprio trâmite natural do concurso, que se desenvolve em várias fases, demorou cerca de mais 1 (um) ano – ou seja, foram basicamente dois anos vivendo o concurso da AGU, em suas mais diversas facetas: decisão pela carreira, estudo pré-edital, estudo com o edital na praça para a prova objetiva, estudo para a prova discursiva, estudo para a prova oral, fase de títulos e espera pela nomeação.**

Na época anterior à publicação do edital, contudo, o panorama de demora começou a me afligir: ao mesmo tempo em que eu conseguia estudar bastante em virtude da abundância de tempo livre que tinha à disposição, me incomodava muito a morosidade na publicação do edital – a perspectiva de passar mais de um ano de colação de grau sem uma renda própria (que não fosse a minha mesada) não era uma alternativa plausível para mim.

Diante desse contexto, não me restou outra alternativa que não "deixar um pouco de lado" a preparação da AGU (como afirmei, um concurso "demorado", que não se resolve em menos de 1 ano, ainda que você seja aprovado em todas as fases) e aproveitar o período em que o edital não saía para focar em algum outro concurso que significasse uma solução mais rápida para o problema do "desemprego voluntário" a que eu havia me submetido: naquela época, no meu Estado de origem (Pernambuco), estavam "para sair" (para sair **mesmo**) alguns editais de concursos dos vários Tribunais, para as carreiras de técnico, analista e oficial de justiça – concursos "mais rápidos", em que a aprovação/reprovação costuma ser decidida em uma única prova (ou em diversas provas aplicadas no mesmo final de semana), ao contrário das provas para as carreiras da AGU, que se desenvolvem ao longo de várias etapas (objetiva, discursiva, oral e títulos, geralmente com alguns meses de intervalo entre elas).

6

TJPE: AS PRIMEIRAS APROVAÇÕES

Tendo em vista todo esse panorama de incerteza, avaliando as opções disponíveis dentre aqueles concursos que estavam "para sair" na minha terra (TJPE, TRE/PE e TRT/PE), e sempre tendo em mente que o meu objetivo era conseguir uma aprovação/nomeação no curto prazo sem desvirtuar completamente a preparação para a AGU, optei por suspender a preparação para a AGU assim que o edital do TJPE foi publicado: passei a me focar, durante esse tempo, na preparação exclusiva para a carreira de **Oficial de Justiça**.

Em primeiro lugar, a minha escolha pelo TJPE em detrimento dos outros dois tribunais se deveu a um motivo prático: perspectiva de nomeação.

Com praticamente 1 (um ano) de dedicação exclusiva de estudos e tendo contato com alguns amigos e conhecidos que, mesmo sendo aprovados em boas colocações em concursos semelhantes, estavam "esperando sentados" por uma nomeação, não tive dúvidas de que o TJPE seria a melhor opção dentre as três disponíveis – embora, do ponto de vista remuneratório, não fosse a melhor escolha, tendo em vista que o Poder Judiciário Federal em regra paga melhor do que o Estadual (e em Pernambuco isso não é diferente).

Eu sabia que, se fizesse uma boa prova no certame do TJPE, teria chances razoáveis de ser nomeado – o que invariavelmente seria mais difícil nos outros dois tribunais, geralmente mais visados por pessoas que têm afinidade com as matérias específicas (Direito Eleitoral, de um lado, e Direito do Trabalho, do outro), nas quais meu conhecimento era praticamente nulo, até mesmo por falta de afinidade.

Elegi como foco a carreira de Oficial de Justiça por ser um cargo com ampla flexibilidade de horário, que uniria o útil ao agradável: ao mesmo tempo em que a eventual aprovação significaria ter minha renda sem ter que "viver de mesada" (o que me daria uma tranquilidade na preparação para a AGU) seria também a primeira oportunidade de fazer um concurso "para valer", depois de formado e com muito tempo livre para estudar, antes de o edital da AGU ser publicado.

Naquela ocasião, as provas de Analista Judiciário e Oficial de Justiça do TJPE aconteciam no mesmo dia, em horários diferentes (uma pela manhã, e outra à tarde), e o edital programático para as duas carreiras era praticamente idêntico, de forma que me inscrevi para as duas provas – por mais que a carreira de Oficial de Justiça fosse a que realmente me interessava.

Optei por nem sequer me inscrever no concurso do TRE-PE (cujo edital foi publicado antes), para evitar que qualquer resultado negativo afetasse meu estado psicológico durante a preparação para a prova do TJ. O edital para o concurso do TRT-6ª Região só veio a ser publicado alguns meses depois, quando eu já não tinha mais interesse em concursos de Tribunais.

Os 100 dias de preparação para o TJPE (espaço de tempo aproximado entre a publicação do edital e a data da prova) foram, em termos de preparação para concurso, os mais intensos da minha vida: como a eventual **aprovação significava ao mesmo tempo a perspectiva de uma nomeação no curto prazo e o ingresso no serviço público em um cargo que não iria me impedir de estudar para outras carreiras**, chegava a estudar mais de 12 horas líquidas por dia – se somarmos o tempo em que eu passava assistindo cursos on-line das matérias extrajurídicas (Português, Raciocínio Lógico e Informática) e resolvendo questões, cheguei a estudar 14 horas líquidas por dia – durante aqueles 3 meses minha rotina foi basicamente dormir, comer e estudar.

Durante esse tempo, larguei a academia e reduzi bastante as saídas noturnas (embora não completamente, pelo menos nos finais de semana).

Brincava com um amigo que também estudava para a AGU e resolveu focar temporariamente no TJPE (ou seja, situação semelhante à minha) dizendo que **o bonde da história só passava uma vez na vida, e aquela era a hora de embarcar nele**.

É óbvio que esse tipo de postura radical também teve seus aspectos negativos: a carga de estresse e ansiedade ia aumentando à medida que a data da prova se aproximava. Durante esse período, cheguei a ter terçol duas ou três vezes – o que fez com que eu perdesse dois ou três dias sem conseguir ler o material de estudo; quando isso aconteceu, aproveitei para adiantar as aulas, que não exigiam tanto esforço visual. Nos dias em que estive com terçol, acredito que tenha estudado umas 8 horas líquidas/dia – mais do que isso era realmente impossível – e esse fato me incomodava bastante, pois sentia que cada hora a menos era um passo para trás rumo em relação à aprovação.

Portanto, se houve um concurso que eu realmente tenha encarado com a postura do "vencer ou vencer", foi o TJPE – por mais que uma aprovação nele não tivesse o condão de "resolver a minha vida", o encarei como o último teste real antes da prova da AGU (cujo edital ainda "estava para sair") e a minha grande oportunidade de estar num cargo público alguns meses depois da colação de grau (6 meses, para ser mais exato).

Levando em conta que se tratava de uma prova de Tribunal, organizada pela Fundação Carlos Chagas (**ou seja, um panorama completamente diferente de uma prova de advocacia pública federal, organizada pelo CESPE, que é o caso da AGU**), optei pela estratégia de concentrar a preparação na resolução de questões da banca de forma exaustiva, seja pelos sites de questões hoje disponíveis na internet, seja pelo uso de bibliografia especializada (livros do tipo "1001 questões da FCC").

Durante aquele período, não toquei em absolutamente nenhum livro de doutrina das matérias mais tradicionais, em que eu já havia "montado uma base" – já tinha maturidade suficiente para entender que esse tipo de verticalização é desnecessário para o perfil de prova a que ia me submeter e acabaria sendo uma perda de tempo para o que realmente interessa nesse tipo de certame, que é assimilar a legislação e ter um domínio razoável das matérias não jurídicas.

Também optei por fazer pelo menos 2 cursos on-line de cada uma das matérias extrajurídicas (Português, Raciocínio Lógico e Informática) e correr atrás de materiais específicos de legislação estadual, que foram absolutamente essenciais e primordiais na minha aprovação – **na preparação de concursos para Tribunais, via de regra, são justamente as matérias extrajurídicas ou que não são cobradas nos demais concursos que acabam definindo a sua classificação final** – já que a grande maioria dos candidatos consegue um bom rendimento nas questões que envolvem matérias jurídicas. Assim, foi primordial ter investido pelo menos 2 horas por dia para o estudo de cada uma dessas matérias (por exemplo, o Estatuto dos Servidores Públicos do Estado, o Código de Organização Judiciária Estadual etc.).

Para o treinamento de questões, eu utilizava o site "Questões de concursos" e fiz cerca de 7.000 questões apenas no referido site. Se somarmos a isso todas as questões de outros materiais que utilizei, devo ter feito em torno de 10.000 questões objetivas da Fundação Carlos Chagas antes do dia da prova – e nesse número estão englobadas muitas questões das matérias extrajurídicas.

Passados os cerca de 3 meses e meio de preparação, era chegada a hora da verdade: ver se o que eu havia feito era suficiente para pegar carona no "bonde da história", do qual eu tanto havia falado.

Assim, no início de janeiro de 2012, enfim me submetia ao primeiro concurso "para valer", já formado e, se consideramos o período de preparação "sem edital" para a AGU, com 1 ano de estudo para concursos nas costas (ainda que para outra carreira e com um foco completamente diferente).

Fiz as provas consciente de que cada deslize ou desatenção custaria dezenas de posições na classificação final – no Polo Recife, o mais concorrido (e o único que me interessava), 16.028 candidatos estavam inscritos para realizar a prova de Analista Judiciário (cargo que, no TJPE, não é privativo de Bacharel em Direito), e 5.275 iriam fazer a prova de Oficial de Justiça (cargo que, no TJPE, é privativo de bacharel em Direito). Era, em termos numéricos, um concurso realmente concorrido – com o agravante de ser realizado em Pernambuco, que é um dos polos mais tradicionais da área dos concursos.

Feitas as provas, sai com a sensação de que havia feito uma boa prova de analista (apesar de uma prova de Português dificílima) e uma prova de Oficial digna, mas sem saber se aquele rendimento seria suficiente para garantir meu plano de nomeação em um curto prazo.

Pouco mais de 1 mês depois da realização das provas, logo após o Carnaval, veio a divulgação do resultado: por ironia do destino, acabei aprovado nas duas carreiras, mas fiquei mais bem colocado para Analista Judiciário (6º Lugar, o que significava a nomeação imediata, já que dentro das vagas), em detrimento do cargo de Oficial de Justiça (26º lugar, ou seja, fora das 14 vagas previstas para o polo em que me inscrevi – o que ainda assim me dava uma perspectiva de nomeação, embora não de forma imediata).

Ainda que as coisas não tenham saído exatamente como eu havia planejado (meu foco era ser aprovado e nomeado para o cargo de Oficial de Justiça), a notícia das duas aprovações (uma dentro das vagas e outra fora das vagas, mas com perspectiva de nomeação) foi um momento de extrema felicidade – era a minha primeira aprovação, trazendo consigo aquela sensação indescritível de que todo o sacrifício feito foi recompensado. Para completar, alguns amigos e conhecidos também foram aprovados e ficaram bem classificados no mesmo concurso – uma das coisas boas dessa vida de concurso é quando, além de passar, você pode testemunhar pessoas que participaram da sua jornada também conseguirem bons resultados.

Dessa vez, sim, comemorei bastante: já havia comemorado a perspectiva de aprovação no carnaval (o resultado saiu na semana seguinte ao Carnaval de 2012), mas ver o "preto no branco" foi uma sensação diferente e inigualável – ao ver seu nome estampado dentro das vagas do edital, parece que você tirou um peso de 100 kg dos ombros, e não há como não ficar num estado de euforia por alguns dias quando isso acontece: o tempo que se passou entre a notícia da aprovação no TJPE e a subsequente nomeação foi um período em que peguei um pouco mais leve nos estudos, até por conta da ausência do edital que realmente me interessava (o da AGU): não é que eu tenha parado totalmente de estudar (muito longe disso) – apenas retomei o foco para a AGU com uma paz de espírito bem maior, já sem aquela agonia/desespero que o sentimento do estar "só estudando" causa.

Passada a euforia natural das aprovações, com esses resultados em mãos (e sem a publicação do edital da AGU, que continuava no *status* "muito próximo de sair"), conclui que havia chegado a hora de voltar a focar na preparação que eu havia suspendido meses antes, e que era meu projeto maior.

Meu plano agora era ser nomeado como Analista do TJPE e passar alguns meses exercendo o cargo e estudando o que fosse possível nas horas vagas; por outro lado, quando a nomeação para o cargo de Oficial de Justiça saísse, assumiria o cargo e teria mais tempo para estudar e imprimir um ritmo mais intenso de estudo.

Veio, então, um mês após a notícia da aprovação, em abril de 2013, a primeira nomeação da minha vida, como Analista Judiciário do TJPE. À época, os nomeados para o cargo de Analista participariam de um curso de formação com duração de 1 (uma) semana, para aprender alguns procedimentos básicos com os sistemas a serem utilizados quando da atuação no dia-a-dia do Tribunal.

7

PUBLICAÇÃO DO EDITAL DA AGU DURANTE O CURSO DE FORMAÇÃO DO TJPE

Ocorre que, ainda durante a semana do curso de formação do TJPE, o edital da AGU finalmente foi publicado: assim, recém-empossado e ainda engatinhando na rotina de "trabalhar e estudar", finalmente tinha diante de mim aquele concurso para o qual havia me preparado durante todo o ano de 2011, e que era, ao fim e ao cabo, o meu grande objetivo.

Curiosamente, a primeira versão do edital da AGU, publicada em 26/04/2012, fugia bastante do edital do concurso anterior, em que eu havia baseado o meu plano de estudos. Vejam, por exemplo, o conteúdo programático referente a Direito Penal (matéria que não é tida como uma das principais, para o concurso de Advogado da União):

DIREITO PENAL E PROCESSUAL PENAL: I DIREITO PENAL. 1 Fontes do direito penal; princípios aplicáveis ao direito penal. 2 Aplicação da lei penal: princípios da legalidade e da anterioridade; a lei penal no tempo e no espaço; tempo e lugar do crime; lei penal excepcional, especial e temporária; territorialidade e extraterritorialidade da lei penal; pena cumprida no estrangeiro; eficácia da sentença estrangeira; contagem de prazo; frações não computáveis da pena; interpretação da lei penal; analogia; irretroatividade da lei penal; conflito aparente de normas penais. 3 Crime: classificação dos crimes; teorias do crime; o fato típico e seus elementos; relação de causalidade; superveniência de causa independente; relevância da omissão; crime consumado e tentado; pena da tentativa; desistência voluntária e arrependimento eficaz; arrependimento posterior; crime impossível; crime doloso, culposo e preterdoloso; agravação pelo resultado; concurso de crimes; erro sobre elementos do tipo; descriminantes putativas; erro determinado por terceiro; erro sobre a pessoa; erro sobre a ilicitude do fato (erro de proibição); coação irresistível e 30 obediência hierárquica; ilicitude e causas de exclusão; excesso punível; culpabilidade: teorias, elementos e causas de exclusão. 4 Imputabilidade penal. 5 Concurso de pessoas. 6 Penas: espécies de penas; cominação das penas; aplicação da pena; suspensão condicional da pena; livramento condicional; efeitos da condenação; reabilitação; execução das penas em espécie e incidentes de execução. 7 Medidas de segurança; execução das medidas de segurança. 8 Ação penal. 9 Punibilidade e causas de extinção. 10 Crimes contra a pessoa. 11 Crimes contra o patrimônio. 12 Crimes contra a propriedade imaterial. 13 Crimes contra a organização do trabalho. 14 Crimes contra o sentimento religioso e contra o respeito aos mortos. 15 Crimes contra a dignidade sexual. 16 Crimes contra a família. 17 Crimes contra a incolumidade pública. 18 Crimes contra a paz pública. 19 Crimes contra a fé pública. 20 Crimes contra a administração pública. 21 Delitos hediondos (Lei n.º

8.072/1990). 22 Lei Antidrogas (Lei nº 11.343/2006). 23 Crimes resultantes de preconceitos de raça ou de cor (Lei nº 7.716/1989). 24 Abuso de autoridade (Lei nº 4.898/1965). 25 Crimes de tortura (Lei nº 9.455/1997). 26 Estatuto do Desarmamento (Lei nº 10.826/2003). 27 Crime organizado (Lei nº 9.034/1995). 28 Código de Proteção e Defesa do Consumidor (Lei nº 8.078/1990). 29 Lavagem de dinheiro (Lei nº 9.613/1998). 30 Crimes contra o meio ambiente (Lei nº 9.605/1998). 31 Convenção Americana sobre Direitos Humanos (Pacto de São José e Decreto nº 678/1992). 32 Crimes de trânsito (Lei nº 9.503/1997). 33 Lei Maria da Penha (Lei nº 11.340/2006). 34 Estatuto da Criança e do Adolescente (Lei nº 8.069/1990). 35 Disposições constitucionais aplicáveis ao direito penal. 36 Entendimento dos tribunais superiores acerca dos institutos de direito penal. II DIREITO PROCESSUAL PENAL. 1 Fontes do direito processual penal; princípios aplicáveis ao direito processual penal. 2 Aplicação da lei processual no tempo, no espaço e em relação às pessoas; disposições preliminares do Código de Processo Penal. 3 Inquérito policial. 4 Processo, procedimento e relação jurídica processual; elementos identificadores da relação processual; formas do procedimento; princípios gerais e informadores do processo; pretensão punitiva; tipos de processo penal; jurisdição. 5 Ação penal. 6 Ação civil. 7 Competência. 8 Questões e processos incidentes. 9 Prova; interceptação telefônica (Lei n.º 9.296/1996). 10 Juiz, Ministério Público, acusado e defensor; assistentes e auxiliares da justiça; atos de terceiros. 11 Prisão e liberdade provisória; prisão temporária (Lei n.º 7.960/1989). 12 Citações e intimações. 13 Sentença e coisa julgada. 14 Processos em espécie: processo comum; processos especiais; normas procedimentais para os processos perante o Superior

Tribunal de Justiça e o Supremo Tribunal Federal (Lei n.º 8.038/1990). 15 Juizados especiais criminais (Lei n.º 9.099/1995 e Lei n.º 10.259/2001). 16 Prazos: características, princípios e contagem. 17 Nulidades. 18 Recursos em geral. 19 Habeas corpus e seu processo. 20 Execução penal (Lei n.º 7.210/1984). 21 Relações jurisdicionais com autoridade estrangeira. 22 Disposições gerais do Código de Processo Penal. 23 Disposições constitucionais aplicáveis ao direito processual penal. 24 Entendimento dos tribunais superiores acerca dos institutos de direito processual penal. (destacamos)

Trata-se de conteúdo programático que vai muito além do que usualmente é cobrado em certames de advocacia pública, inclusive federal.

Conversando com pessoas conhecidas a respeito do edital que havia sido publicado, nos dias seguintes, era um consenso que aquilo mais parecia um edital de magistratura estadual do que de advocacia pública federal.

Felizmente, foi apenas um erro do CEBRASPE (à época CESPE), retificado alguns dias depois com a publicação de um novo edital, agora muito mais próximo do que havia sido cobrado no concurso anterior, no qual eu havia pautado toda a minha preparação.

A grande novidade em relação ao concurso passado, no que se refere às disciplinas objeto de cobrança, foi a inclusão do Direito Internacional Privado em meio ao rol de matérias cobradas.

Quanto às demais, tudo estava dentro do esperado e próximo ao que havia sido veiculado no edital do concurso anterior.

A partir da publicação do edital "definitivo", centrei meus estudos em "fechar os buracos" que eu sentia ainda possuir na minha preparação, sempre considerando o quadro geral das disciplinas objeto do certame: assim, naturalmente iniciei a carga pelo estudo de Direito Internacional Público, campo do conhecimento com o qual eu ainda não havia tido contato em termos de concurso (embora não fosse uma matéria totalmente estranha para mim, pois já havia pago algumas cadeiras de Direito Internacional Público e Privado na faculdade).

Diante desse novo panorama, com invariavelmente menos tempo livre para os estudos, optei por utilizar materiais mais resumidos e focados na prova de primeira fase da AGU (o "Estudos Dirigidos" da Juspodivm era meu livro de cabeceira), revisando o que eu havia estudado durante todo aquele período pré-TJPE e procurando ler doutrina apenas daquelas matérias que eu havia negligenciado mais, como Direito Internacional Público e Direito do Trabalho e Processo do Trabalho.

À época, foi extremamente importante ter passado a conviver e me comunicar com pessoas que estavam "na crista da onda" desses concursos de Tribunais e se preparavam para os concursos de Advocacia Pública que estavam para sair na época (principalmente AGU, PFN e PGE-SP) – não tenho dúvidas que esse foi um dos elementos importantes para as minhas aprovações futuras.

Conviver e se comunicar com pessoas que estão sendo aprovadas te faz ver que aquilo não só é plenamente possível como também é algo natural, desde que a preparação seja bem feita e você se mantenha focado nos seus objetivos.

No entanto, mesmo com toda essa conjuntura favorável (recém-empossado num cargo público, na minha cidade, e com bastante contato com outras pessoas que tinham objetivos em comum), tive uma dificuldade inicial bem grande em assimilar a rotina de "trabalhar e estudar": **com uma carga horária de 6 (seis) horas diárias como Analista Judiciário e todas as dificuldades de locomoção em virtude do trânsito caótico** de Recife, dificilmente conseguia estudar mais de 4 (quatro) horas diárias nesse período como recém-empossado no TJPE.

Me mantive nessa fase de adaptação durante praticamente todo o período decorrido entre a publicação do edital e a realização da prova objetiva.

Por mais que não tivesse parado completamente de estudar, sentia que aquela carga horária reduzida me fazia ser um alguém que estava muito mais vivendo do que havia estudado naquele período em que tinha o dia inteiro livre para os estudos, preocupado mais em "não deixar a peteca cair" e "segurar a onda" do que alguém que realmente estava num ritmo competitivo e intenso para passar bem no certame da AGU.

7.1. RETA FINAL PARA A PROVA OBJETIVA DA AGU

Assim, mantive aquele ritmo mais comedido até a data da prova objetiva da AGU, marcada para 08/07/2012.

Quando chegou, enfim, o dia da prova de primeira fase, eu havia feito um número razoável de questões, e, no cômputo geral do 1,5 ano de preparação, tinha mantido uma regularidade muito grande em termos de estudo, relevando um pouco o período de adaptação em que eu ainda me encontrava quando fui fazer a tão esperada prova objetiva.

Foram muitas questões CESPE realizadas na reta final (não tanto quanto para o concurso do TJPE, em virtude da falta de tempo, mas tanto quanto era possível para a minha nova realidade de tempo disponível), o que indicava que dificilmente eu poderia ter feito algo além do que fiz para aquele concurso em específico – no dia da prova, estava com a sensação de que tudo que podia ter sido feito em termos de investimento e esforço na preparação para a prova da AGU havia sido feito.

Embora tenha enfrentado uma prova difícil na primeira fase, fiz o suficiente para ser aprovado para a segunda etapa – em que pese com um rendimento muito abaixo do que eu, de fato, esperava obter (não cheguei a ficar nem sequer entre os 100 melhores colocados na prova objetiva).

Atribui a "aprovação mais ou menos" na primeira fase à minha nova rotina – além de trabalhar e estudar, eu tinha voltado a frequentar a academia pelo menos 3 (três vezes) por semana e não dispensava saídas no final de semana (desde que para programas que eu julgasse que valessem a pena).

Mesmo com esse novo contexto, senti que fiquei, em termos de rendimento na prova objetiva, muito abaixo do meu potencial – e aquilo, na época, me incomodou bastante.

Estava muito claro para mim que, por mais que tivesse apostado em uma preparação de médio prazo e tenha executado meu plano de preparação de forma consistente, eu ainda não tinha assimilado a rotina de trabalhar e estudar de forma simultânea.

7.2. PUBLICAÇÃO DO EDITAL DA PFN E REALIZAÇÃO DA PROVA OBJETIVA

Na mesma época em que o edital da AGU foi publicado, saíram outros dois editais de concursos com editais no mínimo "parecidos", que ofereciam boas perspectivas em termos de nomeação: Procuradoria da Fazenda Nacional (PFN) e Procuradoria-Geral do Estado de São Paulo (PGE-SP).

Como eu julgava ter dado atenção suficiente ao estudo de direito tributário durante o período de preparação "pré-edital" para a AGU, julguei razoável fazer também o concurso da PFN. Não me inscrevi no concurso da PGE-SP simplesmente porque achei que o custo/benefício não valeria a pena para mim, que tinha como objetivo um dia voltar a Recife (algo impossível num concurso estadual para São Paulo, como era o caso).

No entanto, mesmo tendo optado por também fazer a prova da PFN, minha preferência sempre foi pela AGU – se, num mundo ideal, eu tivesse que escolher por uma das duas carreiras, minha opção seria indiscutivelmente pela AGU. Destarte, não fiz qualquer ajuste específico para a prova da PFN – até porque a nova situação de escassez de tempo não me permitia fazer grandes extravagâncias em termos de alteração na preparação.

A prova objetiva da PFN, realizada em data próxima à prova da AGU, teve um panorama bem parecido: fiz o suficiente para ir à segunda fase, mas sem cravar um resultado excelente. No entanto, esse desempenho não me incomodou muito, tendo em vista que o meu foco realmente era a AGU – encarei o concurso da PFN com a mentalidade de "o que vier, é lucro", e estava satisfeito de poder me submeter à prova discursiva de uma carreira análoga à da AGU praticamente de forma simultânea – o que, na pior das hipóteses, serviria para eu me manter em um bom ritmo de prova.

Esses resultados medianos na primeira fase me fizeram chegar à conclusão de que eu precisava, de alguma forma, otimizar o meu tempo livre – felizmente, eu tinha a possibilidade de escolher o meu horário de trabalho como Analista, e depois de um ou dois meses trabalhando à tarde, deduzi que a melhor estratégia para otimizar o meu tempo seria chegar e sair do trabalho o mais cedo possível: assim, passei a acordar bem cedo e tinha como meta diária estar no TJPE às 7h00 da manhã (algo que nem sempre eu conseguia, mas conseguia na maioria das vezes), o que me permitia sair de lá no início da tarde e ter o resto do dia inteiramente livre para estudar – com isso, além de otimizar o tempo, também eliminava o problema do trânsito na ida e volta de casa, tendo em vista que o fluxo de carros é invariavelmente mais livre nesses horários de início da manhã (entre 06h00 e 06h30) e início da tarde (por volta de 14h00).

Numa cidade como Recife, isso fazia uma diferença gritante em termos de tempo livre para estudar: com essa nova rotina, consegui retomar uma carga satisfatória para quem tem que conciliar os estudos com o trabalho (6 horas diárias nos dias em que ia à academia, ou um pouco mais, nos dias em que não ia).

7.3. SOBRE A (EVENTUAL) VONTADE DE DESISTIR

Durante todo o período de preparação, nunca sequer cogitei parar de estudar – desistir realmente nunca foi uma opção – e eu manteria essa linha de conduta mesmo que o meu resultado na AGU não fosse a aprovação. Por mais que resultados ruins acabem inevitavelmente derrubando a moral de quem ainda não tem muita vivência em concursos (como era o meu caso na época das provas da AGU/PFN), eu nunca sequer cogitei jogar a toalha – ainda mais sem ter conquistado pelo menos uma aprovação num concurso de maior porte.

Por outro lado, o fato de já ter ido prestar o concurso da AGU aprovado e empossado num cargo me deu mais tranquilidade e com certeza foi um peso a menos durante a reta final da preparação (o que não quer dizer que eu não estivesse inteiramente comprometido com a aprovação na AGU – apenas sabia que uma eventual reprovação, se acontecesse, não seria o fim do mundo).

Por mais que detectasse ter resultados negativos para projetos em que eu tivesse investido uma carga considerável de tempo e energia (como era o caso do concurso da AGU, para mim), sempre tive em mente que, em termos de concurso, absolutamente tudo pode acontecer – inclusive nada.

Aprendi, também, que criar expectativas, por mais que possa acabar atrapalhando o seu rendimento, é algo absolutamente natural, sobretudo quando você está se submetendo ao seu primeiro "concurso grande", como era o meu caso.

O fato de ter sido aprovado com um bom desempenho na OAB e no TJPE traziam, de certo modo e ainda que de forma implícita, uma responsabilidade de "não deixar a peteca cair" naquele que eu sempre idealizei como o ponto alto da jornada iniciada em janeiro de 2011.

Não obstante, pude vivenciar na prática a máxima de que, no terreno dos concursos para carreiras jurídicas, nem sempre as coisas acontecem conforme planejamos, por mais diligentes que busquemos ser na preparação.

Se existe uma coisa que eu internalizei durante toda a trajetória (e às vezes você acaba esquecendo isso), é que a primeira coisa que você deve fazer quando tira um resultado aquém do esperado é **dissociar aquilo de você**.

A derrota deve servir para você sentar e analisar em que pontos está pecando e corrigir para uma próxima tentativa – e nada muito além disso.

Digo isso porque cansei de ver pessoas que ficam remoendo resultados negativos em concursos de forma incorreta – o que acaba fazendo com que elas entrem num ciclo vicioso e se habituem a obter resultados ruins e achar que aquilo é normal – postura que eu sempre me neguei a adotar, mesmo quando as coisas não aconteceram da forma como eu esperava.

Em suma, continuo defendendo a tese de que você deve evitar, a todo custo, personalizar as derrotas.

Quanto ao ponto, também julgo importante que o candidato busque parar de encarar reprovações com passividade: quando eu falei, em passagem anterior desse livro, que o bom candidato deve internalizar a necessidade de se conviver com o "não", isso deve ser posto na linha de que você deve cultivar a capacidade de se indignar com esses resultados negativos e trabalhar nos pontos fracos que permitiram que eles acontecessem, de forma a evitar que isso se repita em uma próxima oportunidade.

De fato, uma coisa é ser reprovado num concurso de advocacia pública por não saber Direito Tributário e entender que é preciso, então, para atingir o objetivo numa próxima oportunidade, depositar um número maior de fichas naquela disciplina (o que implica investimento em cursos, material bibliográfico e resolução exaustiva de questões daquele campo do conhecimento, só para citar algumas medidas cabíveis) – outra, completamente diferente, é ser reprovado num concurso de advocacia pública por não saber Direito Tributário e se manter estudando com a mesma rotina que levou àquele resultado negativo, sem dar qualquer ênfase ao saneamento da deficiência que culminou naquele insucesso.

Como alguém que está nesse meio dos concursos há cerca de 5 anos e tendo presenciado diversas histórias de sucessos e de fracassos minhas e de conhecidos, percebo que muitas pessoas acabam personalizando resultados negativos e se habituam a obter resultados inexpressivos e achar que aquilo "é normal".

Certa vez, ouvi de um conhecido um comentário de que eu deveria entender que "a regra geral é não passar; ser aprovado é a exceção" (à época, estava me queixando de ter obtido um resultado que eu julgava péssimo em um concurso no qual eu tinha grande interesse, que era o da PGM-Recife).

Nunca concordei com esse tipo de mentalidade e continuo não concordando. Se você faz uma preparação sólida, que contempla todos os elementos do conhecimento jurídico usualmente cobrados em concursos (doutrina, legislação, jurisprudência e Q.I. de prova – esse último consistente em trabalhar o *know how* de resolução de questões, nos seus mais diversos formatos), **a regra geral é ser aprovado** – é óbvio que oscilações em concursos para carreiras diferentes podem acontecer, mas aquilo não pode virar um padrão.

Gosto de ilustrar essa postura com um exemplo bem prático, de um episódio ocorrido durante os meses que antecederam a realização da prova discursiva da AGU.

Já durante o período de preparação para a segunda fase da AGU, cheguei a me inscrever e comparecer à outra cidade para fazer uma prova de outro concurso que eu julgava dentro do meu raio de ação, por também envolver um cargo advocacia pública (ainda que de outra esfera, qual seja, a municipal): a Procuradoria-Geral do Município de João Pessoa.

Embora a remuneração fosse inferior à da AGU e a carreira não me atraísse tanto, além de ser um concurso promovido pela FCC (ou seja, outra banca examinadora, o que traz consigo um estilo de prova diverso), eu julgava importante fazer o certame, nem que fosse para fins de experiência (experiência nunca é demais).

Nesse concurso em específico, a prova objetiva e a prova discursiva eram realizadas no mesmo dia (02/09/2012, um domingo).

Embora não tenha feito nenhuma preparação específica para a prova da PGM João Pessoa, meu rendimento na prova objetiva foi bom. No entanto, **acabei sendo reprovado na prova discursiva, que trouxe questões que me surpreenderam bastante na época – com a cobrança verticalizada em direito tributário e direito processual tributário.**

Embora já ao sair da prova eu soubesse que dificilmente eu teria um bom resultado naquele concurso, não deixei que aquilo influenciasse no meu ritmo de estudos, até porque a mentalidade do "se vier é lucro" (a mesma mentalidade que empreguei no concurso da PFN) valia para aquele concurso também.

Vou ilustrar o ponto onde quero chegar fazendo um comparativo entre o concurso da AGU e o da PGM-JP, ambos desenvolvidos preponderantemente no 2º semestre de 2012:

– Para Procurador do Município de João Pessoa, a estatística geral de inscritos apontou 1.965 candidatos, para um edital que previa 20 vagas e uma remuneração composta por R$ 5.500,00 + rateio de honorários advocatícios. O concurso foi promovido pela Fundação Carlos Chagas.

As provas (objetiva e discursiva) foram realizadas no mesmo final de semana: 02/09/2012.

– Para o concurso de Advogado da União realizado em 2012/2013, a demanda de candidatos por vaga apontou 27.812 candidatos para 68 vagas, o que significa uma correlação de 409 candidatos/vaga.

A prova objetiva da AGU foi realizada em 08/07/2012; as provas discursivas foram realizadas em 29/09/2012 e 30/09/2012; a prova oral da AGU foi aplicada entre 10/01/2013 e 13/01/2013. O concurso foi promovido pelo CESPE (hoje CEBRASPE).

Note, então, que, em um intervalo de menos de um mês (distância entre a prova discursiva da PGM-JP e a prova discursiva da AGU), eu fui **reprovado em um concurso menos concorrido** (que tende a ser interpretado por quem está de fora como "mais fácil") e **aprovado com um dos 20 melhores desempenhos numa prova discursiva de um concurso muito mais visado** – no qual obtive rendimento melhor do que muitos dos aprovados no próprio concurso da PGM-JP, inclusive dentro das vagas ofertadas.

A análise fria desses dois resultados, considerando provas realizadas em período tão próximo, se feita de forma isolada, poderia levar a diversas conclusões equivocadas.

Será que eu reinventei a roda durante os 20 e poucos dias que separaram as duas provas?

Certamente não.

Será que simplesmente tive azar na prova da PGM-JP e sorte na prova da AGU?

É difícil dizer. Talvez o concurso da AGU fosse "o meu concurso" e o da PGM-JP simplesmente não o fosse.

Eu prefiro acreditar que, simplesmente, tive um bom retorno naquele concurso em que eu realmente resolvi focar, tendo pagado o preço de uma reprovação em outro certame que, embora tivesse suas similaridades com o da AGU, não era meu objetivo maior.

8

A PROVA DA AGU PROPRIAMENTE DITA: CONSIDERAÇÕES SOBRE AS FASES OBJETIVA, DISCURSIVA E ORAL DO CERTAME ANTERIOR

8.1. A PROVA OBJETIVA

Como afirmei anteriormente, a prova de primeira fase da AGU foi marcada para 08/07/2012.

Desde o início do meu processo de "sentar e estudar", haviam se passado cerca de 18 (dezoito) meses, durante os quais o meu objetivo maior sempre foi a aprovação naquele certame – por mais que tenha prestado algumas outras provas e concursos durante esse período, inclusive sendo aprovado e nomeado no TJPE.

Em que pese ter buscado fazer uma preparação consistente durante todo aquele tempo, cheguei à Estácio de Sá (local de prova em Recife) com o espírito de que "tudo podia acontecer, inclusive nada".

Ao sair da prova objetiva e conversar com amigos e conhecidos que também se submeteram ao exame, notei que era consenso entre os candidatos que o nível de dificuldade havia sido um pouco além do esperado, sobretudo nas matérias que geralmente recebem menos atenção/investimento por parte de quem se prepara para o concurso da AGU, notadamente Direito Internacional, que apareceu com uma prova de nível de dificuldade acentuado.

O formato da prova objetiva seguiu o padrão da prova anterior, também repetido no concurso mais recente da AGU, que teve o edital publicado em 13/07/2015: ou seja, o candidato deveria julgar como "certas/erradas" 200 assertivas, envolvendo todos os ramos do Direito apontados no edital.

Em meio às questões apresentadas, sempre prepondera um dos 3 (três) pilares do conhecimento jurídico: doutrina, legislação, jurisprudência – e por isso é tão importante que essas vertentes sejam trabalhadas de forma intensa.

Vejamos, por exemplo, a primeira questão da prova de 2012/2013, que trazia uma típica "questão doutrinária":

"Os órgãos da administração são classificados, quanto à estrutura, como simples, ou unitários, e compostos; quanto à atuação funcional ou à composição, classificam-se como colegiados, ou coletivos, e singulares."

Veja que, logo no início da prova, fomos apresentados a uma questão que exigia o conhecimento de uma classificação doutrinária elaborada pelo saudoso Hely Lopes Meirelles, que classificava os órgãos públicos, dentre vários outros critérios, em função de sua estrutura.

Mais à frente, na questão 12 da mesma prova, visualizamos um típico exemplo de questão legalista, que exigiu o conhecimento conjugado de dois dispositivos da Constituição da República Federativa do Brasil, quais sejam, o art. 84, caput, inciso XII, bem como seu respectivo parágrafo único.

Vejamos a questão cobrada na prova e os dispositivos legais em que elas se basearam:

> A respeito dos limites do poder regulamentar, julgue o próximo item.
>
> 12 O AGU, utilizando-se do poder regulamentar previsto na CF, pode conceder indulto e comutar penas, desde que por delegação expressa do presidente da República
>
> Art. 84. Compete privativamente ao Presidente da República:
>
> (...)
>
> **XII – conceder indulto e comutar penas, com audiência, se necessário, dos órgãos instituídos em lei;**
>
> Parágrafo único. O Presidente da República poderá delegar as atribuições mencionadas nos incisos VI, **XII** e **XXV**, primeira parte, aos Ministros de Estado, ao Procurador-Geral da República ou **ao Advogado-Geral da União**, que observarão os limites traçados nas respectivas delegações.

Por outro lado, a análise da prova do concurso mais recente traz exemplos bem claros de questões pautadas na jurisprudência dos Tribunais Superiores, como se nota a partir da leitura das assertivas que constam nos itens 36 e 37 do Caderno de Questões disponível no sítio eletrônico da Banca Examinadora:

> À luz da jurisprudência do STF, julgue os itens subsequentes, relativos aos denominados remédios constitucionais, ao direito à saúde na ordem constitucional e à Federação brasileira.
>
> 36 Embora a proteção à saúde esteja inserida no rol de competências de todos os entes da Federação, os estados-membros não têm competência para criar contribuição compulsória destinada ao custeio de serviços médicos, hospitalares, farmacêuticos e odontológicos prestados aos seus servidores.

37 De acordo com o entendimento do STF, o estado-membro não dispõe de legitimidade para propor, contra a União, mandado de segurança coletivo em defesa de supostos interesses da população residente na unidade federada.

Esses padrões de questão são bem típicos do CESPE/CEBRASPE, e podem ser observados tanto na prova mais recente para a carreira da AGU, como em diversas outras realizadas pela mesma banca para os mais diversos cargos – e aí reside a importância de o candidato acompanhar esses certames de forma minuciosa (ainda que não venha a fazê-los de forma presencial) – é extremamente aconselhável, nesse ponto, que o candidato faça um monitoramento contínuo do sítio eletrônico da banca examinadora, que disponibiliza a grande maioria das provas por ela realizadas de forma gratuita e com livre acesso. Destarte, é aconselhável que o candidato vá baixando ou imprimindo as referidas provas e reservando um horário do tempo disponível para estudo no trabalho da resolução dessas questões, mantendo-se atualizado com o que há de mais recente em termos de aplicação de prova pela banca examinadora.

Ainda analisando a prova do último concurso, que teve início no segundo semestre de 2015, podemos visualizar mais diversos exemplos das três espécies básicas de questões de provas objetivas. Vejamos alguns exemplos de novas questões pautadas no entendimento jurisprudencial dos Tribunais Superiores:

> 18. De acordo com o STJ, ao contrário do que ocorre nos casos de desapropriação para fins de reforma agrária, é vedada a imissão provisória na posse de terreno pelo poder público em casos de desapropriação para utilidade pública.
>
> 21. Em consonância com o entendimento do STF, os serviços sociais autônomos estão sujeitos ao controle finalístico do TCU no que se refere à aplicação de recursos públicos recebidos.

24. De acordo com o STF, embora exista a possibilidade de desconto pelos dias que não tenham sido trabalhados, será ilegal demitir servidor público em estágio probatório que tenha aderido a movimento paredista.

26 Situação hipotética: Determinado ministério, com base em parecer opinativo emitido pela sua consultoria jurídica, decidiu adquirir alguns equipamentos de informática. No entanto, durante o processo de compra dos equipamentos, foi constatada, após correição, ilegalidade consistente em superfaturamento dos preços dos referidos equipamentos. Assertiva: Nessa situação, <u>de acordo com o entendimento do STF</u>, ainda que não seja comprovada a má-fé do advogado da União, ele será solidariamente responsável com a autoridade que produziu o ato final.

(...)

De acordo com o entendimento do STF, julgue o item seguinte, a respeito da administração pública e do servidor público.

45 Segundo o STF, por força do princípio da presunção da inocência, a administração deve abster-se de registrar, nos assentamentos funcionais do servidor público, fatos que não forem apurados devido à prescrição da pretensão punitiva administrativa antes da instauração do processo disciplinar.

47. Conforme entendimento do STF, compete à justiça federal processar e julgar o crime de redução à condição análoga à de escravo, por ser este um crime contra a organização do trabalho, se for praticado no contexto das relações de trabalho.

74. Não ocorrendo o fato gerador, o contribuinte substituído terá direito à restituição do valor do imposto pago. Porém, ocorrendo o fato gerador com base de cálculo inferior à prevista, não será obrigatória a restituição da diferença paga a maior, <u>conforme jurisprudência do STF</u>

79 O princípio da vedação à utilização de tributo com efeito de confisco, previsto expressamente na CF, aplica-se igualmente às multas tributárias, de modo a limitar, <u>conforme jurisprudência pacífica do STF</u>, o poder do Estado na instituição e cobrança de penalidades.

83 <u>Conforme jurisprudência do STJ</u>, ao contrário da responsabilidade administrativa ambiental, em que se exige pessoali-

dade da conduta, a responsabilidade civil ambiental pode ser exigida do novo proprietário do empreendimento, que deverá promover a recomposição da área de preservação permanente ilegalmente ocupada.

93 De acordo com entendimento do STJ, a emancipação, seja ela legal, voluntária ou judicial, não tem o condão de excluir a responsabilidade civil dos pais pelos atos praticados por seus filhos menores.

96 Conforme entendimento consolidado do STJ, o prazo prescricional previsto no Código Civil aplica-se às ações indenizatórias decorrentes de ato ilícito formuladas contra a fazenda pública.

102 Conforme jurisprudência pacificada no STJ, em caso de conduta omissiva, a responsabilidade do Estado enseja a presença da culpa, consistente no descumprimento do dever de impedir o evento danoso.

103 De acordo com o entendimento do STJ, para fins de apuração do nexo de causalidade no dano ambiental, equiparam-se quem faz, quem não faz quando deveria fazer, quem deixa fazer, quem não se importa que façam, quem financia para que façam e quem se beneficia quando outros fazem, de forma que o fato de terceiro como excludente de responsabilidade não tem aplicação na seara ambiental.

Ainda no que concerne às questões pautadas na jurisprudência, embora menos comuns, temos assertivas que demandam o conhecimento jurisprudencial de forma implícita – nesse tipo de enunciado, embora não haja nenhuma referência expressa ao "entendimento do Tribunal X/Y", a resolução correta demanda conhecimentos cumulados de doutrina e jurisprudência, a exemplo do que verificamos na seguinte questão:

31 O preâmbulo da CF não pode servir de parâmetro para o controle de constitucionalidade, ao passo que as normas que compõem o Ato das Disposições Constitucionais Transitórias, ainda que tenham sua eficácia exaurida, podem ser usadas

como paradigma de controle em razão de sua natureza de norma constitucional.

Por outro lado, também temos uma infinidade de exemplos de questões fundamentadas em lições doutrinárias básicas, senão vejamos:

> Com relação a constitucionalismo, classificação e histórico das Constituições brasileiras, julgue os itens que se seguem.
>
> 27. Constituições promulgadas — a exemplo das Constituições brasileiras de 1891, 1934, 1946 e 1988 — originam-se de um órgão constituinte composto de representantes do povo que são eleitos para o fim de as elaborar e estabelecer, ao passo que Constituições outorgadas — a exemplo das Constituições brasileiras de 1824, 1937 e 1967 — são impostas de forma unilateral, sem que haja participação do povo.
>
> 28. No neoconstitucionalismo, passou-se da supremacia da lei à supremacia da Constituição, com ênfase na força normativa do texto constitucional e na concretização das normas constitucionais.
>
> (...)
>
> 151 Como a relação de causalidade constitui elemento do tipo penal no direito brasileiro, foi adotada como regra, no CP, a teoria da causalidade adequada, também conhecida como teoria da equivalência dos antecedentes causais.
>
> 152 O direito penal brasileiro não admite a punição de atos meramente preparatórios anteriores à fase executória de um crime, uma vez que a criminalização de atos anteriores à execução de delito é uma violação ao princípio da lesividade.

Por fim, as provas para a carreira de Advogado da União costumam ser ricas, também, em questões de viés legalistas. Como amostras de questões pautadas no conhecimento da chamada "legislação seca" ou "lei seca", podemos apontar:

> 23. A Lei n.º 12.618/2012, que instituiu o regime de previdência complementar dos servidores públicos federais, prevê como

beneficiários apenas os servidores públicos de cargo efetivo, excluindo do seu alcance, por conseguinte, os servidores ocupantes de cargos comissionados.

(...)

Em relação à Lei Antitruste e às infrações contra a ordem econômica nela previstas, julgue os itens subsequentes.

67. Dominar mercado relevante, para efeito de infração prevista na lei em questão, corresponde ao fato de um agente econômico conquistar o mercado mediante processo natural, fundado na maior eficiência em relação a seus competidores.

68. Para que se configure a infração de exercer de forma abusiva posição dominante, há que se provar o dolo na prática da conduta.

69. O fato de empresas coligadas do mesmo grupo econômico acordarem ou combinarem os preços dos seus produtos caracteriza a prática de infração contra a ordem econômica.

70. Empresa que arbitrariamente aumentar seus lucros, mesmo que não tenha concorrente no mercado, praticará infração contra a ordem econômica.

Outro aspecto importante que pode ser observado a partir de um estudo das provas objetivas para os últimos concursos de Advogado da União consiste na constatação de que, **nas últimas provas, rotineiramente uma das "matérias secundárias" vem sendo eleita como o "ponto fora da curva", apresentando uma prova com um nível de dificuldade consideravelmente maior daquilo que seria o esperado**: na prova de 2012, isso aconteceu com Direito Internacional Público; na prova de 2015, a "bola da vez" foi a prova de Direito Financeiro.

Em 2012/2013, na prova objetiva, o "ponto fora da curva" foi a prova de Direito Internacional, que trouxe uma abordagem extremamente verticalizada da matéria. Essas questões serviram como "elemento surpresa" que eliminou muita gente que estava bem preparada em outras matérias, mas negligenciou o estudo de Direito Internacional.

Vejamos as referidas assertivas:

No que se refere à responsabilidade internacional dos Estados e às fontes do direito internacional e sua relação com o direito interno brasileiro, julgue os itens a seguir.

131. Na Convenção de Viena sobre Direito dos Tratados, o dispositivo que versa sobre a aplicação provisória de tratados foi objeto de reserva por parte do Estado brasileiro.

132. Por decisão do STF, os costumes e tratados de direitos humanos adotados pelo Brasil antes da edição da Emenda Constitucional n.º 45/2003 adquiriram, no direito brasileiro, estatuto de normas supralegais.

133. O texto final do projeto sobre responsabilidade internacional dos Estados, aprovado pela Comissão de Direito Internacional da ONU, prevê um sistema agravado de responsabilidade, por violação de normas peremptórias de direito internacional geral.

134. De acordo com o projeto da Comissão de Direito Internacional da ONU sobre responsabilidade internacional dos Estados, as garantias de não repetição são consequências possíveis de um ilícito internacional. No que concerne aos direitos humanos no âmbito do direito internacional, julgue os itens que se seguem.

135. De acordo com a Corte Internacional de Justiça, as disposições da Declaração Universal dos Direitos Humanos, de caráter costumeiro, estabelecem obrigações erga omnes.

136. Na sentença do caso Gomes Lund versus Brasil, a Corte Interamericana de Direitos Humanos estabeleceu que o dever de investigar e punir os responsáveis pela prática de desaparecimentos forçados possui caráter de jus cogens.

137. Em casos que envolvam a prática de tortura sistemática, a Convenção Americana de Direitos Humanos permite o acesso direto do indivíduo à Corte Interamericana de Direitos Humanos.

Julgue os itens de 138 a 140, referentes a solução pacífica de controvérsias, direito internacional do mar, segurança internacional coletiva e manutenção da paz.

138. De acordo com a Convenção das Nações Unidas sobre Direito do Mar, baixios a descoberto que se encontrem, parcialmente, a uma distância do continente que não exceda a largura do mar territorial podem ser utilizados como parâmetro para medir a largura do mar territorial.

139. Em 2011, o órgão de solução de controvérsias da Organização Mundial do Comércio estabeleceu a ação de reenvio prejudicial, de modo que a Corte Internacional de Justiça pudesse decidir sobre a competência do órgão para julgamento de questões de direitos humanos relacionadas ao comércio internacional.

140. O Tratado sobre a Não Proliferação de Armas Nucleares estabelece a prevalência de seus dispositivos sobre quaisquer tratados regionais, de forma a assegurar a ausência total de armas nucleares nos territórios dos Estados signatários. Em relação à condição jurídica do estrangeiro e aos direitos de nacionalidade, julgue os itens que se seguem.

141. É privativo de brasileiro nato o cargo de governador de estado.

142. A reciprocidade é pré-condição para que aos portugueses com residência permanente no país sejam atribuídos direitos inerentes ao brasileiro.

143. O visto consular, concedido a autoridades consulares a serviço de Estado estrangeiro no Brasil e a seus familiares, é expressamente previsto no Estatuto do Estrangeiro.

144. O direito brasileiro veda a deportação de estrangeiro acusado da prática de crime político.

145. É expressamente proibida pela CF a extradição ou entrega de brasileiro nato a autoridades estrangeiras. No que se refere à história dos conflitos de leis, a elementos de conexão e a reenvio, julgue os itens seguintes.

146. O reenvio é proibido pela Lei de Introdução às Normas do Direito Brasileiro.

147. A aquisição e a exploração comercial de navios e aeronaves regem-se pela lei do local onde tenha sido efetuado o registro dos direitos de propriedade sobre a coisa.

Julgue os itens subsequentes, relativos a cooperação internacional, sequestro internacional de crianças e atribuições da AGU em matéria internacional.

148. Compete ao Departamento Internacional da AGU, entre outras funções, auxiliar o consultor-geral da União no assessoramento ao AGU em processo de celebração de tratados.

149. O Protocolo de Las Leñas sobre Cooperação e Assistência Jurisdicional em Matéria Civil, Comercial, Trabalhista e Administrativa estabelece, no que se refere ao cumprimento de cartas rogatórias, procedimento uniforme para todos os Estados-partes.

150. De acordo com a Convenção sobre os Aspectos Civis do Sequestro Internacional de Crianças, o retorno da criança pode ser recusado pela autoridade judicial ou administrativa se a criança, tendo idade e grau de maturidade suficientes para decidir, se opuser ao retorno.

Em 2015/2016 (concurso mais recente), os candidatos foram surpreendidos com uma prova de Direito Financeiro com uma dificuldade também acima da média (considerada, ao lado de Direito Administrativo, aquela matéria que trouxe questões mais difíceis).

A prova de direito administrativo também cobrou "um pouco mais" dos candidatos – no entanto, por se tratar de um dos carros-chefes de qualquer concurso de advocacia pública, isso não chega a ser uma grande surpresa – ao contrário do que ocorreu na prova de Direito Financeiro, matéria cuja verticalização costuma ser feita principalmente em concursos para carreiras de Tribunal de Contas (a exemplo dos concursos para Ministério Público de Contas).

Vejamos as questões de Direito Financeiro, apresentadas na prova objetiva do último concurso, eleita pela maioria dos candidatos como a mais difícil dentre as "matérias secundárias":

Tendo em vista que a LRF busca, entre outros objetivos, a transparência da gestão pública mediante a adoção de instrumentos por ela criados, julgue os itens seguintes, relativos aos referidos instrumentos.

54. O RREO torna público como a atividade financeira do Estado está se desenvolvendo, ou seja, o que realmente foi arrecadado e gasto em relação ao que fora previsto.

55 O balanço orçamentário, que tem a função de especificar, por categoria econômica, as receitas e as despesas, constitui parte do RREO.

56. O REP tem previsão na CF e contém, entre outras informações, aquela referente à despesa total com pessoal.

57. O RGF é publicado bimestralmente e serve para divulgar, por demonstrativo, o resultado primário conseguido pela administração financeira. No que diz respeito às sanções previstas na LRF e à prestação de informações quanto a medidas a serem adotadas nos casos em que fique demonstrado o não cumprimento dos limites fixados nessa lei, julgue os itens subsecutivos.

58. Caso o RREO não seja entregue até a data prevista na LRF, o TCU emitirá uma advertência.

59. A União, como sanção pelo descumprimento do prazo estabelecido para a publicação do RGF, ficará impedida de receber transferências voluntárias.

60. O instrumento que pode indicar as medidas corretivas a serem adotadas no caso de se ultrapassarem os limites fixados na LRF é o RGF. Haja vista que a despesa pública segue estágios e que cada um destes esclarece em que momento a realização da despesa se encontra, julgue os itens a seguir.

61. A emissão do empenho não produz nenhum efeito patrimonial. 62 O empenho, que é estágio da despesa pública, não se confunde com a nota de empenho, pois nem todo empenho possui uma nota de empenho emitida.

63. Em regra, todos os empenhos podem ser anulados, excepcionando-se dessa regra apenas o empenho feito em caráter global.

64. As despesas com contratos de construção civil, em que o pagamento só é realizado após a medição feita na obra, deve ser objeto de empenho por estimativa.

65. É na fase do pagamento da despesa que a lei prevê a juntada de atestado por parte do responsável, servidor público, de que o serviço foi prestado ou o bem ou mercadoria foi entregue como contratado.

66. O estágio da despesa pública que tem por finalidade o comprometimento de parte do orçamento público aprovado com determinado gasto é chamado de liquidação.

Há ainda uma outra peculiaridade típica dos concursos mais recentes para ingresso na AGU que merece uma atenção especial: trata-se da cobrança dos enunciados internos da carreira, que passaram a constar expressamente no edital do certame mais recente, conforme se extrai da leitura do rol de assuntos do programa de Direito Administrativo:

> DIREITO ADMINISTRATIVO: 1 Advocacia-Geral da União. Organização Administrativa. Lei Complementar n° 73/1993. Lei n° 9.028/1995. Lei n° 9.469/1997. Decreto n° 7.392/2010, alterado pelo Decreto n° 7.526/2011. Enunciados das súmulas da Advocacia-Geral da União. Orientações Normativas do Advogado-Geral da União. Instruções Normativas do Advogado-Geral da União que autorizam a desistência ou não interposição de recurso. (...)

Quanto a essa nuance, em específico, é importante ter em mente que o estudo desses enunciados é preocupação típica daquele candidato que enxerga a AGU como o "concurso final", e vem se apresentando como um fator de grande relevância para o bom desempenho dos candidatos: com efeito, as súmulas e orientações normativas têm sido objeto de questionamento tanto nas provas discursivas, em que a forma de raciocinar como advogado público deve ser aferida de forma mais intensa, como até mesmo nas provas preambulares, conforme se extrai, por exemplo, das seguintes assertivas da prova objetiva do concurso mais recente:

> A propósito das licitações, dos contratos, dos convênios e do sistema de registro de preços, julgue os itens a seguir com base nas orientações normativas da AGU.
>
> 10. Na hipótese de nulidade de contrato entre a União e determinada empresa, a despesa sem cobertura contratual deverá ser reconhecida pela União como obrigação de indenizar a contratada pelo que esta houver executado até a data em que a nulidade do contrato for declarada e por outros prejuízos regularmente comprovados, sem prejuízo da apuração da responsabilidade de quem der causa à nulidade.
>
> 11. Se, em procedimento licitatório na modalidade convite deflagrado pela União, não se apresentarem interessados, e se esse procedimento não puder ser repetido sem prejuízo para a administração, ele poderá ser dispensado, mantidas, nesse caso, todas as condições preestabelecidas.
>
> 12. Se a União, por intermédio de determinado órgão federal situado em um estado da Federação, celebrar convênio cuja execução envolva a alocação de créditos de leis orçamentárias subsequentes, a consequente indicação do crédito orçamentário do respectivo empenho para atender aos exercícios posteriores dispensará a elaboração de termo aditivo, bem como a prévia aprovação pela consultoria jurídica da União no mencionado estado.
>
> 13. Na licitação para registro de preços, a indicação da dotação orçamentária é exigível apenas antes da assinatura do contrato, sendo o prazo de validade da ata de registro de preços de, no máximo, um ano, no qual devem ser computadas as eventuais prorrogações, que terão de ser devidamente justificadas e autorizadas pela autoridade superior, devendo a proposta continuar sendo mais vantajosa.

Feitas essas considerações baseadas nas provas objetivas dos certames da AGU promovidos pelo CESPE/CEBRASPE, acho importante destacar ainda o seguinte: por se tratar de um concurso que, em termos numéricos, é extremamente concorrido (23.942 inscritos para o concurso de 2008/2009; 27.718 inscritos em 2012/2013; 23.666 candidatos em 2015/2016, para ficar apenas nos três últimos), <u>a prova objetiva da AGU pode ser considerada a fase mais difícil de todo o concurso, tendo em vista que qualquer deslize na resolução das questões objetivas (e isso inclui tanto ler as assertivas com desatenção quanto "dormir" no processo de preenchimento de folhas de respostas) pode custar dezenas de posições na classificação da 1ª fase e até mesmo, em alguns casos extremos, fazer a diferença entre o candidato ser ou não aprovado para a 2ª etapa (que, por sua vez, é a fase mais decisiva)</u>.

É muito comum ver candidatos que chegam à segunda etapa de provas numericamente menos concorridas para cargos análogos (as PGE's e PGM's, por exemplo) não lograrem êxito na prova da AGU, simplesmente por não terem focado na preparação específica para a advocacia pública federal, pelas mais diversas razões (remuneração, possibilidade de advocacia privada etc.).

Então, fazer uma preparação baseada na resolução exaustiva de questões objetivas no formato da prova real é elemento imprescindível para obter um rendimento satisfatório nesse concurso.

Além disso, é importante atentar para as nuances específicas da advocacia pública federal, o que certamente será um fator positivo para aquele que prioriza as referidas carreiras, em geral, e o cargo de Advogado da União, em particular. Destarte, a memorização do teor dos enunciados típicos da AGU (principalmente súmulas e orientações normativas) tem se mostrado um elemento importante para o bom desempenho nas provas para a carreira.

Outro aspecto de relevo a se destacar é que, embora a prova objetiva possa ser considerada "a mais cruel" das fases do concurso da AGU, os resultados nela obtidos não são de todo determinantes para a classificação final no concurso (algo que você deve sempre ter em mente durante a preparação, pois é a sua colocação que vai definir o leque de escolhas disponível na hora de decidir pela lotação e nos concursos de remoção, após o ingresso na carreira).

A prova objetiva é, portanto, a fase "mais difícil" do concurso, embora não seja, a rigor, a "mais decisiva" (posto que cabe à prova discursiva).

Falando em termos de experiência pessoal, por ser alguém que tinha obtido resultados significativos em concursos anteriores ao da AGU e que estava "na crista da onda", fiquei bastante incomodado com o meu desempenho na prova objetiva, embora ele tenha sido suficiente para chegar à 2ª fase – não fiquei sequer entre os 100 primeiros, e ainda perdi um número significativo de posições em decorrência das anulações/mudanças de gabarito.

Nas semanas que antecederam a realização da prova discursiva, em conversas com amigos que também tinham se classificado para a 2ª etapa, eu comentava que seria muito difícil reverter aquele quadro negativo em termos de classificação (embora não de aprovação), por mais que a prova discursiva valesse, em termos de peso na pontuação final, o triplo da prova subjetiva.

Foi um momento em que eu duvidei da qualidade da minha preparação, e hoje eu vejo que estava completamente errado na minha análise.

O funil da prova objetiva é um obstáculo e tanto, mas é na 2ª fase (principalmente) e na prova oral em que a classificação do concurso da AGU é definida – nessa última prova, porém, por mais que você esteja bem preparado, terá que conviver com o grande peso do elemento aleatório, tendo em vista o sorteio das questões por grupos de candidatos divididos em ordem alfabética, o que acaba possibilitando que haja reviravoltas significativas em termos de classificação dos candidatos aprovados.

É óbvio que existem pessoas que são "pontos fora da curva" e excepcionam essa regra geral: alguns candidatos são capazes de fazer resultados extraordinários já na fase objetiva e manter o mesmo desempenho nas demais fases do concurso – mas, num concurso como o da AGU, que costuma oferecer um número razoável de vagas já no edital e nomear todos os aprovados (ou a maior parte deles), invariavelmente os candidatos "normais" estão muito nivelados, de forma que as duas últimas etapas acabam sendo as mais decisivas.

Como argumento para sustentar minha tese, posso citar a minha experiência própria: desanimado com o resultado na prova objetiva, achei que o concurso da AGU não era "para o meu bico".

No entanto, por mais que não estivesse no melhor estado de espírito quando fui fazer a prova discursiva, as coisas correram muito bem para mim – boa parte das questões cobradas na prova da 2ª etapa já haviam sido discutidas por mim com pessoas conhecidas que também iam fazer a prova (ou seja, foi uma prova, até certo ponto, previsível), e, além disso, a minha prática profissional no TJPE foi absolutamente **imprescindível na resolução da prova prática – o que demonstra que a aprovação anterior não foi útil apenas no sentido de me dar mais tranquilidade para o decorrer do concurso, como também fez toda a diferença na resolução da peça proces-**

sual cobrada na P3, um dos momentos mais importantes de todo o concurso.

Explicarei, nos comentários sobre a segunda etapa da prova, como a prática no cargo de analista processual do TJPE (em que eu havia ingressado meses antes) foi primordial para conseguir um bom desempenho na prova prática.

8.2. APROVADO PARA A SEGUNDA FASE

Após uma prova difícil na primeira fase, consegui ser aprovado já com base no gabarito preliminar – ou seja, eu já soube que iria fazer a prova discursiva mesmo antes da divulgação do gabarito definitivo (em que acabei perdendo algumas colocações, mas mantive a aprovação para a prova discursiva) – a partir daí, já estava focando as forças na prova da segunda etapa – como disse antes, não cheguei a ficar sequer entre os 100 primeiros da objetiva (o que me frustrou bastante na época, tendo em vista todo o investimento de tempo e dedicação que o concurso da AGU significava pra mim).

Assim, eu sabia que, se quisesse ser aprovado dentro das vagas apontadas pelo edital, teria que "correr atrás do prejuízo" nas fases seguintes.

Durante os 3 meses de intervalo entre a primeira e a segunda fase, muito por conta do meu estado de ânimo, não fiz qualquer tipo de preparação específica para as discursivas em termos de "cursos": não me matriculei sequer nos famoso "cursos de peças", pois já as havia estudado de forma exaustiva para a prova da OAB e, durante praticamente um ano e meio (com exceção do período de preparação para o TJPE), sempre me mantive assinando os famosos "cursos de ata de questões", que têm a vantagem de trazer rodadas de questões objetivas e possibilitar o treino de peças, pareceres e dissertações, que correspondem à segunda etapa do certame da AGU.

Assim, durante a reta final de preparação para a prova discursiva, me limitei a ler alguns modelos das peças que eu já havia treinado durante os quase dois anos de preparação (se considerarmos a data decorrida entre o início dos meus estudos e a realização da prova discursiva).

Essa postura não me prejudicou porque **eu já havia treinado a resolução de questões de forma exaustiva antes mesmo da publicação do edital – no entanto, certamente não recomendaria a adoção dessa linha de preparação limitada à revisão dos aspectos formais para candidatos que não tenham apostado numa preparação de médio/longo prazo – quem seguir o caminho do "começo a estudar quando o edital for publicado", se conseguir a aprovação para a prova discursiva, invariavelmente deverá fazer algum curso ou serviço específico para o treinamento de peças e pareceres (principalmente), pois o treino prévio é requisito indispensável para um bom rendimento nesse tipo de prova.**

Assim, nesse período compreendido entre a aprovação na primeira fase e a data de realização da segunda fase, optei por estudar mais aquelas matérias em que eu me sentia inseguro, por ter o pressentimento de que, se a cobrança delas fosse mais verticalizada, isso implicaria a minha eliminação do certame.

Assim, estudei bastante as "matérias secundárias" (direito civil e ambiental, por exemplo) e revisei livros de fazenda pública em juízo, que trazem temas costumeiramente cobrados nos concursos de advocacia pública. Sentia-me bem preparado em Direito Administrativo e que tinha feito o suficiente em termos de Direito Constitucional, então realmente investi menos tempo nessas disciplinas – para as matérias em que você já tem uma vivência maior, recomendo que faça o estudo para a segunda etapa focando em resolução de questões anteriores da banca aplicadas em provas discursivas de concursos análogos e estudo da jurisprudência mais recente dos Tribunais Superiores.

Além disso, foquei minha preparação no estudo de temas comumente cobrados nos concursos de advocacia pública, com a ajuda de um *blog* criado na época por um dos cursinhos mais conhecidos de Recife, pensado especificamente para auxiliar nos candidatos que se preparavam para o concurso da AGU. Esse mesmo *blog* trouxe postagens sobre "temas quentes" das diversas matérias que constavam no edital dos concursos de advocacia pública – alguns dos quais acabaram sendo objeto de cobrança na prova discursiva, a exemplo da responsabilidade civil por danos ambientais.

Na falta do *blog milagroso*, recomendo que aquele candidato que venha a lograr êxito na primeira etapa do certame busque realizar a discussão dos "temas quentes" das variadas matérias em grupos de estudos (listas de e-mail, por exemplos).

Simultaneamente ao concurso da AGU e com datas de realização relativamente próximas, se desenrolava o concurso da PFN – em que eu também havia me classificado para a segunda etapa.

Foi nesse período em que, mesmo desanimado, comecei a reencontrar meu ritmo de estudo: meu fuso-horário já estava bem adaptado à rotina de acordar bem cedo para ir ao TJPE e, assim, poder voltar para casa no início da tarde e ter a tarde e a noite inteira livres para estudo – o que me permitia estudar, em média, umas 6 horas líquidas por dia, em dias de semana.

Ainda assim, a carga era incomparavelmente menor do que aquela que eu tinha disponível antes de ingressar no TJ. Em virtude dessa limitação de tempo disponível, eu tinha chegado à conclusão de que não seria possível conciliar a preparação para as provas discursivas das duas carreiras com a carga horária que tinha disponível.

Diante desse panorama, optei deliberadamente por dar atenção àqueles assuntos que eu considerava imprescindíveis para minha aprovação na AGU, em detrimento de fazer o que seria necessário para um bom desempenho na PFN (verticalização em Direito Tributário, Direito Processual Tributário, Tributos Federais e Direito Previdenciário, além do "estudo comum" para a advocacia pública).

Minha escolha era pela AGU desde o início – se tivesse que reprovar na PFN para ser aprovado na AGU, pagaria esse preço sem pestanejar – no entanto, obviamente não ia deixar de fazer a prova da PFN somente por não ter feito uma preparação específica para ela.

No que se refere à realização da prova discursiva da AGU propriamente dita, como eu disse anteriormente, o tempo de prática no TJPE acabou sendo absolutamente fundamental para o meu desempenho na prova prática (uma das provas cobradas na segunda etapa é a elaboração de uma peça processual, a exemplo do que ocorre em outros certames de advocacia pública realizados Brasil afora) – agora, vou explicar os fundamentos que me levaram a essa conclusão.

Inicialmente, preciso explicar o contexto da minha lotação no TJPE: lembram da estagiária-prodígio, com a qual convivi durante o período de estágio na PRPE/MPF?

Durante esse tempo todo, ela havia, enfim, conseguido a primeira nomeação num cargo público, justamente no TJPE. Como estava num ritmo muito forte de estudos, não demorou muito para que conseguisse uma aprovação num bom concurso de Advocacia Pública: a PGE-PR.

Por ironia do destino, o período de nomeação dela para a PGE-PR acabou coincidindo com a minha aprovação e subsequente nomeação no TJPE, o que fez com que, mediante indicação, a minha lotação inicial se desse justamente onde ela havia passado a maior parte do tempo de exercício no TJ: o Gabinete do Des. José Fernandes de Lemos.

Tendo essa oportunidade de ingressar no Poder Judiciário já num órgão de 2ª instância da Justiça Estadual, acabei me habituando à prática jurídica diferente daquela exercida nas varas de 1ª instância – no TJ, tínhamos a oportunidade de analisar os processos já devidamente instruídos e com decisões proferidas pelo juiz de primeira instância – o trabalho girava em torno justamente da apreciação dos recursos interpostos pelas partes em face das decisões de 1º grau, fossem elas sentenças, fossem interlocutórias (notadamente a concessão de pedidos de tutela antecipada).

Assim, basicamente, precisávamos analisar a correção da decisão de 1ª instância, impugnada mediante um dos expedientes recursais disponíveis no processo civil brasileiro – agravos de instrumento e apelações, principalmente.

Também era comum analisar recursos interpostos em **face de decisões monocráticas** proferidas já na 2ª instância, o que era possível desde que configuradas as hipóteses do art. 557 do CPC-73, que tinha ampla aplicação em todas as esferas recursais brasileiras – inclusive nos Tribunais Superiores.

Gostei tanto daquele trabalho que, cerca de seis meses após a nomeação para o cargo de Analista e já devidamente adaptado ao ritmo de trabalho e estudo, abri mão de tomar posse no cargo de Oficial de Justiça, quando minha nomeação para esse outro cargo finalmente havia saído – importante anotar, ainda, que minha remuneração seria um pouco melhor como Oficial de Justiça, mas isso não foi o suficiente para me convencer a mudar de cargo naquele momento de vida.

Minha opção por não assumir o cargo de Oficial de Justiça, antes tão cobiçado por mim, se deveu a uma série de fatores:

1) Em primeiro lugar, sabia que, por mais que fosse um cargo que me proporcionaria mais tempo livre e uma maior flexibilidade de horário para os estudos, seria ne-

cessário um **tempo de adaptação (como acontece sempre que você introduz uma nova rotina no seu dia a dia); achei que não seria interessante, bem no meio do processo de preparação para a prova discursiva da AGU, fazer essa mudança.**

2) Embora quisesse a aprovação na AGU com todas as minhas forças, ainda pretendia fazer alguns concursos mesmo que fosse aprovado na carreira: assim, assimilar a rotina de trabalhar e estudar desde já seria importante também na preparação para esses concursos futuros;

3) Segui a máxima da sabedoria popular do "em time que está ganhando não se mexe": se, mesmo como analista e vivenciando o processo de adaptação, eu havia conseguido chegar à 2ª etapa da AGU, também era possível, nas mesmas condições e agora mais escaldado, ser aprovado nas demais etapas do concurso.

Portanto, os caminhos que eu havia idealizado logo que ingressei no TJPE acabaram mudando bastante: meus planos iniciais foram completamente alterados, tendo em vista que aquele cargo em que eu pretendia apenas esperar a nomeação como oficial de justiça acabou se tornando o cargo em que fiquei durante todo o período em que se desenvolveu o concurso da AGU.

Vou, agora, demonstrar a importância prática que todos os meses exercendo o cargo de Analista Judiciário, na 2ª Instância do TJPE, tiveram para a minha aprovação no concurso da AGU.

Para isso, precisamos analisar o teor da questão cobrada **na peça (prova p3) da prova de 2012/2013:**

Com vistas a obter indenização por danos materiais sofridos em virtude de ato praticado por servidor público federal, Ernesto ajuizou ação contra a União. Como não lhe era possível determinar, de modo definitivo, as consequências do ato ilícito, Ernesto atribuiu à causa o valor de R$ 7 mil, tendo o juiz proferido sentença ilíquida em seu favor, após a instrução processual. A União não apelou, e o tribunal negou seguimento à remessa necessária, por ter sido atribuído à causa valor inferior a sessenta salários mínimos (CPC, art. 475, § 2.º). A União, então, interpôs recurso especial — devidamente recebido — alegando o fato de a sentença ilíquida estar sujeita ao duplo grau de jurisdição. **No Superior Tribunal de Justiça (STJ), o relator negou seguimento ao recurso, alegando que deveria ser considerado, para efeitos de reexame necessário, o valor dado à causa e que a ausência de interposição de apelação impediria o manejo do recurso especial, pela ocorrência de preclusão lógica.** Intimado da decisão, o advogado da União confirmou, em súmula e acórdãos proferidos pela Corte Especial do STJ, o entendimento no sentido de a sentença ilíquida estar sujeita ao duplo grau de jurisdição. A União foi intimada pessoalmente em 19/8/2012, tendo sido o mandado, cumprido, juntado aos autos em 29/8/2012, quarta-feira.

Com base na situação hipotética apresentada, redija, na condição de advogado da União, a peça judicial adequada para a defesa da tese da União. Fundamente suas explanações e aborde todo o conteúdo de direito material e processual pertinente. Dispense o relatório, não crie fatos novos e utilize, para datar a peça, o último dia do prazo.

Note bem: a questão cobrada na peça trazia um recurso de decisão monocrática do Relator do Processo, tomada no âmbito do STJ.

Na minha atuação como analista judiciário, era muito comum lidar com os recursos de decisão monocrática fundamentada no art. 557 do CPC-73, tendo em vista que esse tipo de decisão é rotineira nos processos de 2ª instância da Justiça Comum.

Ou seja: eu tinha contato quase que diário com esse tipo de recurso (que pode ser chamado de agravo regimental, agravo legal, agravinho, conforme o caso) – justamente o que foi cobrado no caso concreto discutido na peça processual cobrada na etapa discursiva.

O cenário cobrado na prova, portanto, estava muito longe de ser uma novidade para mim: por mais que atuasse com processos cíveis que não envolviam a atuação da Fazenda Pública, os meses de prática me permitiram visualizar muito claramente a situação apresentada na prova, sob o ponto de vista processual – algo que talvez não fosse possível se, por exemplo, eu tivesse sido aprovado e nomeado logo de cara para o cargo de Oficial de Justiça, como eu queria inicialmente.

Vejam, então, que o exercício naquele cargo que era apenas minha "segunda opção" quando fui fazer a prova do TJPE acabou sendo um fator decisivo para o meu desempenho no próprio concurso da AGU.

Aliado a essa clareza de raciocínio que somente a prática jurídica específica é capaz de trazer, eu já havia estudado de forma exaustiva os aspectos processuais da Fazenda Pública em Juízo cobrados na peça – o meu investimento maciço no estudo do chamado "Direito Processual Público" se deveu, também, à minha inexperiência prática com a matéria, de forma que busquei suprir a lacuna da falta dessa "prática específica" por meio de estudo exaustivo e repetitivo dos temas mais corriqueiros desse campo específico do processo civil.

Quanto a importância da prática jurídica nesse tipo de prova, vou, aqui, fazer um *off topic,* tendo em vista a identidade de razões com o tema discutido: recentemente, fui aprovado em uma boa colocação em um concurso também muito visado no campo da Advocacia Pública: a PGE-RN (13ª colocação).

Embora tenha ensaiado uma preparação para a primeira fase dessa prova, acabei optando por focar em um outro certame que me pareceu mais interessante como "pacote" (Concurso de Julgador Tributário da SEFAZ/PE), com provas aplicadas mais ou menos na mesma época e perfil de assuntos a serem cobrados bem diverso.

Assim, posso afirmar que fui fazer a 2ª (prova subjetiva) e a 3ª fase (prova prática) da PGE-RN "sem estudar", naquele mesmo espírito de "o que vier é lucro" com que enfrentei, por exemplo, o concurso da PFN (em que fui aprovado, embora sem um rendimento digno de nota) e o da PGM-JP (em que fui reprovado).

Perdi várias colocações na 2ª etapa do concurso que, como eu disse, foi extremamente disputado – era o típico caso de concurso que seria decidido "nos detalhes": no caso, a prova prática e a avaliação dos títulos.

Entretanto, na 3ª etapa (prova prática), que previa a possibilidade de cobrança de uma peça ou parecer, mais uma vez a prática específica em um cargo público acabou sendo o fator determinante para que eu conseguisse um bom rendimento (dessa vez, mesmo sem estar focando naquele concurso): tive a sorte de me deparar com um parecer envolvendo discussões ligadas a licitações e contratos administrativos, ramo que havia sido, durante os 14 (quatorze) meses que antecederam a referida prova, justamente o meu âmbito de atuação como Advogado da União.

Assim, fiz a prova da 3ª fase da PGE-RN como se fosse mais um dia de trabalho mexendo com a lei de licitações, cenário com o qual eu já estava exaustivamente acostumado – assim, muito embora não estivesse "na ponta dos cascos" em termos de estudo para advocacia pública (como eu disse, na época, estava focando em um concurso extremamente específico, em que a verticalização era unicamente em Direito Tributário e na legislação pernambucana referente ao ICMS, o que não influenciou em nada para a prova da PGE-RN), acabei sendo presenteado com uma questão sobre um tema com o qual eu possuía intimidade e contato diário.

Com a divulgação das notas, veio a boa notícia: classificado em 79º até a segunda etapa, a nota obtida no Parecer somada à pontuação da Prova de Títulos me fez subir 66 posições e finalizar o concurso como 13º colocado – classificação que, embora não seja suficiente para assegurar minha nomeação (o edital falava em provimento imediato de 10 cargos e mais daqueles que ficarem vagos durante o prazo de validade do concurso), conseguiu transformar um panorama de um concurso em que eu estava absolutamente "fora do jogo" em um concurso em que a nomeação passou para o campo das possibilidades – isso tudo, repita-se, para um certame extremamente concorrido e no qual eu não estava sequer focando.

A prática fez a diferença mais uma vez.

8.2.1. A importância das matérias secundárias na prova discursiva

É muito comum, quando falamos em estudo para advocacia pública em geral (perfil em que se enquadram a maioria das pessoas que prestam o concurso da AGU), vermos candidatos que investem a parcela mais significativa (para não dizer a totalidade) do seu tempo/energia no estudo daquelas matérias que seriam a base para esse perfil de concurso, quais sejam: Direito Administrativo, Direito Constitucional, Direito Processual Civil e Direito Tributário.

Embora o estudo dessas 4 disciplinas seja absolutamente primordial para quem tem como objetivo uma aprovação consistente, não tenho absolutamente nenhuma dúvida em afirmar que estar com uma preparação sólida nas demais matérias veiculadas pelo edital é também importantíssimo: então, se você almeja não apenas a aprovação, mas uma aprovação consistente, alerto para a importância de investir, sim, tempo e energia naquelas matérias que costumam ficar esquecidas e são deixadas para o "estudo de véspera" (ou seja, deixe de lado a ideia de que você só vai "dar uma lida" nelas quando o edital sair).

É óbvio que esse investimento tende a ter um retorno mais seguro para aqueles que optam pela preparação de médio/longo prazo, iniciada meses ou anos antes da publicação do edital – até porque é humanamente impossível apresentar um domínio razoável dos mais diversos ramos jurídicos com apenas alguns poucos meses de estudo.

Vamos, mais uma vez, ilustrar a tese com exemplos concretos das duas provas mais recentes para o concurso da AGU.

A leitura de algumas das questões do concurso anterior para a carreira permite concluir que aquele candidato que opta por uma preparação unidimensional, pautada apenas na verticalização das matérias clássicas, acaba "se enrolando" quando indagado sobre temas importantes das demais disciplinas.

Além da peça processual, basta um passar de olhos pelas questões subjetivas da P4 do concurso de 2012/2013 para corroborar essa conclusão: naquele certame, o candidato que investiu um bom tempo no estudo do Direito Ambiental (que era, à época, a "matéria da moda") e havia assimilado a distinção de conceitos entre as diferentes modalidades de leasing (tema típico de direito empresarial) foi premiado com questões que enfatizaram essas duas matérias, senão vejamos:

Disserte sobre as disposições constitucionais a respeito do meio ambiente, abordando, necessariamente, os seguintes aspectos:

- titularidade do direito ao meio ambiente equilibrado; qualificação jurídica do meio ambiente ecologicamente equilibrado; os obrigados pela sua defesa e preservação; os seus beneficiários (CF, art. 225, caput); [valor: 1,00 ponto]
- competência para legislar sobre meio ambiente e competência para protegê-lo (CF, arts. 23 e 24); [valor: 1,00 ponto]
- harmonização entre direito ao desenvolvimento e direito ao meio ambiente (CF, art. 3.º, II, c/c art. 170, VI, e art. 225), com base na aplicação do princípio do desenvolvimento; [valor: 2,50 pontos]
- tipos de responsabilidade pelo dano ambiental e seus sujeitos passivos, com menção ao regime da responsabilidade civil (conforme legislação infraconstitucional); [valor: 2,00 pontos]
- responsabilidade imposta constitucionalmente aos mineradores pela degradação que sua atividade econômica causar, em face do princípio do poluidor pagador. [valor: 2,50 pontos]

(...)

Discorra sobre a responsabilidade civil por danos causados ao meio ambiente, respondendo, de forma fundamentada na legislação e no entendimento do STF, aos questionamentos a seguir.

- Adquirente de boa-fé de gleba de terra onde já tenha sido realizado desmatamento ilegal poderá ser responsabilizado pelo dano ambiental decorrente de tal ato? [valor: 3,00 pontos]
- Como é tratado o instituto da prescrição no âmbito da responsabilidade ambiental? [valor: 3,00 pontos]
- É possível que, em ação civil pública, seja o causador do dano condenado, de forma cumulativa, a reparar dano material e recuperar a área degradada? [valor: 3,00 pontos]

(...)

A União publicou edital de licitação, na forma de concorrência do tipo melhor técnica, para a contratação de operação de leasing destinada ao arrendamento de tratores com determinadas especificações. No referido edital, além do preço máximo que poderia ser pago no total, previa-se que os bens arrendados seriam de propriedade da fabricante (arrendadora), havendo a possibilidade de a União Federal (arrendatária) adquiri-los ao final do contrato. Previa-se, ainda, que as contraprestações que seriam pagas pela arrendatária contemplariam o arrendamento dos bens e os serviços inerentes às suas disposições, e a soma das contraprestações não poderia ultrapassar 75% do custo dos bens. Logo após a publicação do edital, determinado concorrente recorreu administrativamente, alegando que a licitação não poderia ser do tipo melhor técnica e que a contratação não poderia ser feita por meio de leasing, por infringir a lei de licitações, que proíbe tais contratos. Com base nessa situação hipotética, redija um texto dissertativo, devidamente fundamentado, em resposta às indagações a seguir.

- Tem razão o recorrente com relação ao não cabimento do tipo melhor técnica e à proibição de contrato de operação de leasing? [valor: 3,00 pontos]
- Se, ao final do contrato, a União Federal decidir pela aquisição dos bens objeto da avença, será cabível a cobrança antecipada do valor residual, de acordo com o entendimento do Superior Tribunal de Justiça? [valor: 3,00 pontos]
- Que modalidade de leasing é adotada no contrato firmado pela União Federal? [valor: 3,00 pontos]

Note, portanto, que 2 das 3 questões cobradas na P2 giravam em torno do estudo do Direito Ambiental, enquanto uma era pautada em matéria típica de Direito Empresarial.

Uma leitura mais atenta das questões vai indicar, ainda, que a obtenção de um bom rendimento em cada uma delas demandava o conhecimento conjugado dos dispositivos legais/constitucionais envolvidos, de conceitos doutrinários e, ainda, da jurisprudência das Cortes Superiores (STF e STJ) – seja por julgados noticiados nos informativos, seja por entendimentos já sumulados (caso da questão que discutia a cobrança antecipada do valor residual de garantia, que devia ser respondida com base no verbete nº da súmula 293 do STJ.

Ou seja, a tríade do conhecimento jurídico se fez mais uma vez importante para a resolução das questões discursivas: legislação, doutrina e jurisprudência.

Felizmente, as provas subjetivas da AGU e de outras carreiras costumam permitir a utilização dos *Vade Mecuns*, o que facilita, para aquele candidato que já tenha um bom nível de intimidade com o seu material de estudo, a resolução das questões subjetivas que enfocam o conhecimento de dispositivos legais.

No entanto, é justamente no domínio dos dois outros pilares que está o grande "diferencial" para um bom resultado em provas discursivas: como não é permitida a consulta aos entendimentos sumulados e à jurisprudência dos Tribunais Superiores veiculada em informativos e consolidada sob o regime de recursos repetitivos (no caso do STJ) e da repercussão geral (no caso do STF), além dos conceitos doutrinários mais usuais, são justamente esses os grandes fiéis da balança nesse tipo de prova.

Voltando a frisar a importância do estudo abrangente de todas as matérias contidas no edital, não há nada mais eficaz para demonstrar a importância das disciplinas que costumam ser negligenciadas por alguns candidatos durante a fase de preparação que a leitura dos enunciados da P4 do certame anterior, veiculando a cobrança de conhecimentos em duas áreas usualmente esquecidas pelos que estudam para carreiras de advocacia pública em geral: Direito Penal e Processual Penal.

Com efeito, a Dissertação cobrada na prova girou em torno da discussão de temas envolvendo Direito Penal e Processual Penal, conforme se vê a seguir:

A Delegacia de Delitos contra a Ordem Tributária do Distrito Federal instaurou investigação criminal para apurar a atuação de quadrilha internacional que supostamente atuava na emissão e venda irregular de notas fiscais, com o envolvimento de gerentes de instituições financeiras privadas. No curso das investigações, a autoridade policial requereu autorização judicial para a interceptação de linhas telefônicas de vários investigados, tendo sido o pedido atendido pelo juízo da Primeira Vara Criminal de Justiça do Distrito Federal. Encerradas as investigações, o Ministério Público do Distrito Federal e Territórios ofereceu denúncia contra todos os investigados perante aquele juízo criminal. No entanto, na fase de instrução processual, verificou-se a existência de crimes conexos de descaminho, lavagem de dinheiro e contra o sistema financeiro nacional, de competência da justiça federal, razão pela qual houve declínio de competência, tendo sido os autos distribuídos à Décima Vara Criminal da Justiça Federal no Distrito Federal. Com base nessa situação hipotética e na legislação e na jurisprudência dos tribunais superiores, disserte, desenvolvendo, de forma objetiva e fundamentada, sobre os seguintes tópicos:

- interceptação telefônica: possibilidade de prorrogação do pedido; aproveitamento da prova no caso concreto, em face da incompetência do juízo; [valor: 10,00 pontos]
- crimes contra o sistema financeiro nacional: possibilidade de o gerente de uma agência bancária ser sujeito ativo do crime previsto no art. 4.º da Lei n.º 7.492/1986 (gestão fraudulenta); [valor: 10,00 pontos]
- crimes contra a ordem tributária: possibilidade de extensão do critério utilizado para aplicar o princípio da insignificância aos crimes contra a ordem tributária federal, a exemplo da dispensa de cobrança caso o valor da exação suprimido ou reduzido não seja superior a R$ 10.000,00, aos delitos praticados contra a ordem tributária estadual de ente da Federação que não possua legislação específica desonerativa no mesmo sentido; [valor: 20,00 pontos]

- crimes contra a administração pública: necessidade de prévia constituição do crédito tributário para a instauração da ação penal em crimes de descaminho; [valor: 10,00 pontos]
- cooperação internacional na investigação de crimes: necessidade de concessão de exequatur a ato de juízo estrangeiro que determine meramente a busca e apreensão de bens de pessoa envolvida em ação criminosa no exterior localizados no território nacional. [valor: 15,00 pontos]

Note que, usualmente, ninguém espera a cobrança de uma questão mais elaborada de Direito Penal e Processual Penal numa prova de advocacia pública federal – contudo, isso aconteceu no concurso de 2012/2013. Esse tipo de cenário, embora seja um pesadelo para o candidato tradicional de concursos de advocacia pública, acaba premiando aquele que optou por uma preparação global – o candidato que, ainda que não seja uma autoridade em Penal/Processo Penal, tem condições de responder, de maneira satisfatória e com fundamentação adequada, indagações sobre temas corriqueiros da matéria.

Veja ainda que alguém que optou por fazer uma preparação para a prova dissertativa em poucos meses – ou seja, só começou a fazer questões subjetivas ao tomar conhecimento da aprovação na prova objetiva, sem nenhum treino prévio – irá, muito provavelmente, encontrar grandes dificuldades nesse tipo de situação: isso ocorre porque, quando você opta por concentrar a preparação para questões subjetivas em dois ou três meses (tempo médio que separa a realização de provas objetivas e discursivas de concursos federais, a exemplo da AGU), será muito improvável que você verticalize o estudo dessas matérias, que não são de cobrança corriqueira nos concursos de advocacia pública.

Ao contrário, aquele que optou por dedicar uma parte da sua preparação de médio e longo prazo para a resolução de questões dissertativas desde o início dos estudos (pela assinatura do serviço de atas, por exemplo), vai estar mais familiarizado com aquele tipo de cenário e terá mais recursos para dar uma boa resposta e obter uma nota satisfatória.

Assim, reitero mais uma vez a importância de se preocupar em ter uma preparação que capaz de abarcar o "mínimo existencial" em todas as matérias previstas no edital do certame – como a prova de 2012/2013 mostrou, é plenamente possível que haja a cobrança verticalizada das matérias mais distantes do dia a dia da carreira do Advogado da União, mesmo nas questões com maior peso na pontuação total do concurso, como ocorreu com a dissertação.

Para conseguir atingir esse patamar de preparação, o ideal é que você concilie as preparações entre as fases objetiva e subjetiva no momento de preparação prévia à publicação do edital – nesse ponto, não há dúvidas de que, quanto antes você começar a introduzir o treinamento de questões em sua grade de preparação, melhor tende a ser o seu desempenho.

Posteriormente, com a publicação do edital, é mais que natural que o foco seja na resolução massiva de questões objetivas da banca examinadora.

Em um momento subsequente, com o êxito na prova objetiva, a preparação concentrada no treino de peças e resolução de questões subjetivas terá muito mais êxito e tenderá a render mais se, anteriormente a esse processo, o candidato já houver desenvolvido o hábito de resolver aquele tipo de cenário de prova.

8.2.2. ASPECTOS "MATERIAIS" DAS PROVAS DISCURSIVAS

Existem alguns detalhes de ordem prática na realização das provas discursivas da AGU que merecem uma atenção especial por parte do candidato aprovado na primeira fase.

Em primeiro lugar, é preciso ter bastante atenção com todo o material a ser utilizado na realização das provas: das canetas aos códigos que serão levados para o dia dos exames, é importante a tomada de algumas medidas de ordem prática, a fim de evitar situações indesejadas na "hora da verdade" e deixar seu foco no que realmente interessa, que é responder às questões apresentadas da forma mais completa que puder.

Em primeiro lugar, é importante ter atenção ao material que será utilizado para responder às questões, quais sejam, as canetas – usualmente as bancas examinadoras (CEBRASPE, inclusive) só se admitem canetas esferográficas transparentes e de tinta preta (em alguns casos é admitido também o uso de caneta de tinta azul, mas isso não é corriqueiro nos concursos de Advogado da União). Como existem várias opções dessas canetas no mercado, é extremamente importante que o candidato **teste as canetas que irá usar no dia da prova**.

Ocorre que algumas das canetas disponíveis no mercado são feitas com uma tinta que tem uma péssima fixação no papel de prova – o que pode fazer com que a sua prova acabe ficando "borrada" e com um aspecto "sujo" e "largado" que não é desejável – ainda mais se você tiver em mente que o examinador corrigirá dezenas/centenas de provas; assim, qualquer recurso que possa ser usado para que a sua prova não seja um "patinho feio" em meio à multidão é válido.

No que diz respeito à escrita/caligrafia, também é imprescindível que o candidato esteja sempre atento, durante a elaboração das respostas escritas, à legibilidade da sua prova.

Meu exemplo é bem clássico: quem me conhece sabe que eu tenho uma letra esteticamente feia – porém, isso nunca me prejudicou em nenhum dos concursos com provas dissertativas que fiz até hoje.

Diria que minha caligrafia usual está a um passo da ilegibilidade, mas não chega a ser ilegível, e por isso nunca fui subavaliado – as questões em que não obtive um bom desempenho estão usualmente muito mais ligadas à falta de domínio do conteúdo cobrado do que aos aspectos de apresentação do texto propriamente ditos.

Lembro bem que, ao finalizar as três provas da fase discursiva do concurso da AGU, comentava com conhecidos que também estavam participando do certame que a primeira coisa que eu precisaria saber antes de pensar em aprovação era se minha prova ia de fato ser lida/corrigida, tendo em vista que me superei em termos de falta de asseio na prova.

No entanto, felizmente minha prova não foi considerada ilegível pelos examinadores – assim, fiz o bastante para que ela fosse entendida e bem avaliada, **apesar da letra.**

8.2.2.1. Códigos para o dia da prova

Outro aspecto importante a ser levado em conta é o material que será levado para as provas com a finalidade de consulta, ou seja, os textos legislativos.

O ideal é que você não deixe para "estrear" o *vade mécum* ali, no dia da prova discursiva: essa recomendação se fundamenta na importância da correta gestão do tempo durante a realização da prova.

O candidato que deixa para utilizar pela primeira vez o *vade mecum* no dia da prova fatalmente perderá mais tempo para encontrar os dispositivos legais necessários para fundamentar as suas respostas às questões apresentadas na prova – tempo que pode ser precioso para a resolução das demais questões.

É importante, assim, que exista um nível de 'intimidade" com o material que será utilizado no dia da prova – algo que só se consegue com o seu manuseio diário, aliado à utilização durante os meses que antecederem a realização da prova discursiva.

8.3. APROVADO PARA A PROVA ORAL

Uma vez realizadas as provas discursivas, passei a aguardar, com uma dose cavalar de ansiedade, a divulgação dos resultados.

Durante esse tempo, mantive a mesma linha de estudo que havia adotado quando da preparação para as provas dissertativas, na linha de estudar mais as matérias que sabia menos.

Contudo, é preciso ter em mente que, já partindo do pressuposto de uma hipotética aprovação para a prova oral, esse estudo foi um pouco mais restrito e menos global que o anterior, **tendo em vista que, na prova oral do concurso da AGU, nem todas as matérias são objeto de arguição por parte dos examinadores.**

Com efeito, tanto no concurso em que fui aprovado (realizado em 2012/2013) quanto no edital do concurso mais recente (edital publicado em 2015) é possível notar que apenas as disciplinas mais ligadas ao dia a dia do Advogado da União são objeto de questionamento.

Aqui, cabe anotar, a partir de uma análise comparativa dos dois editais mais recentes, que houve uma pequena mudança em relação às disciplinas cobradas: enquanto no concurso de 2012/2013 a prova oral abrangia questões de Direito Administrativo, Constitucional, Processo Civil e Direito Civil, **Financeiro e Econômico**, o edital do concurso de 2015/2016 prevê, como matérias de arguição, Direito Administrativo, Direito Constitucional, Direito Processual Civil, Direito Civil e **Direito do Trabalho e Processual do Trabalho.**

Nota-se, portanto, que matérias de direito público típicas cederam espaço para as duas disciplinas trabalhistas, em virtude da sua inegável relevância no dia a dia da profissão do advogado público federal.

Voltando à estratégia de preparação que adotei para a realização da minha prova, me mantive revisando as matérias básicas e investindo bastante no **estudo de Direito Civil** (indiscutivelmente aquela em que eu era menos preparado, considerando as que seriam cobradas na prova oral), **Econômico e Financeiro** até a divulgação do resultado preliminar da prova discursiva.

Com a divulgação desse resultado preliminar, veio a confirmação de que eu havia feito uma excelente prova, que havia me permitido ganhar mais de 100 posições em relação à classificação na prova objetiva – tinha saído de algo em torno dos 150 primeiros para ficar entre os 15 (em 13º, para ser mais preciso).

Considerando apenas a pontuação na prova discursiva, havia feito a 10ª melhor pontuação – algo que eu nem sequer poderia imaginar na semana que antecedeu a realização da prova discursiva, quando ainda estava com a moral baixa em virtude do fraco desempenho na primeira fase.

Fiquei eufórico e com a sensação de que o jogo havia virado para mim. O meu estado de ânimo, que antes estava mais para "o que tiver que ser, será", mudou da água para o vinho – agora, estando já muito perto da aprovação, sentia que precisava simplesmente dar o meu máximo até a data da minha arguição (para a qual ainda não havia sequer previsão).

No entanto, a correção da dissertação de penal e processo penal, já apresentada neste livro, acabou gerando bastante confusão e polêmica entre os candidatos, tendo em vista que alguns dos assuntos ali cobrados eram objeto de divergência mesmo na jurisprudência dos Tribunais Superiores – o que acabou fazendo com que houvesse prejuízo àqueles que seguiram por linha diversa da que constava no espelho de prova, fazendo-os perder muito pontos ou, em casos mais extremos, ser eliminados do certame.

Em virtude disso, houve uma enxurrada de recursos e movimentação no sentido de pleitear uma nova correção da P4 – demanda que foi atendida pelo Conselho Superior da AGU e acabou gerando uma reviravolta na classificação provisória.

Assim, com a recorreção da P4, acabei perdendo algumas posições (cai para 26º), mas ainda assim estava numa situação confortável, se consideramos o salto de colocação em relação ao meu desempenho na prova objetiva.

Com a confirmação da aprovação na prova discursiva e do seu resultado definitivo, passei a me preparar para a prova oral pela via que eu reputo mais adequada para esse tipo de exame, qual seja: o treino exaustivo da verbalização do conhecimento jurídico.

O fato de conhecer um número razoável de pessoas que estavam avançando para provas orais da AGU e de outros concursos que ocorriam de forma simultânea (PFN e PGE-SP) acabou facilitando esse processo, tendo em vista que o processo de treino para a prova oral deve ser de benefício mútuo e contar, de preferência, com pessoas que estão "no gás" dos estudos.

Alguns conhecidos optaram por viajar para outros estados com o intuito de fazer cursos os mais diversos, focados na otimização do desempenho para provas orais e na preparação específica para o exame da AGU.

Como não tinha dinheiro sobrando e acabei me acostumando a fazer minha preparação na condição de "patinho feio", optei por uma preparação mais econômica, à base de muito treino com conhecidos via SKYPE – paguei apenas por uma arguição virtual de cerca de uma hora, via Skype, promovida por um curso famoso no meio.

Assisti também alguns vídeos no *youtube* sobre os elementos importantes nesse tipo de prova, a exemplo do tratamento protocolar destinado aos examinadores e da necessidade de saber responder às indagações feitas por eles de maneira adequada.

No que se refere ao formato dos treinamentos para a prova oral realizados com amigos e conhecidos, buscávamos simular aquilo que idealizávamos como o cenário de prova – ou seja, perguntas formuladas por nós mesmos abrangendo os pontos principais de cada uma das matérias.

Hoje em dia, o treino para provas orais é muito facilitado, tendo em vista que o próprio CEBRASPE tem divulgado as questões utilizadas para arguição em concursos mais recentes no seu sítio eletrônico – destarte, basta que o candidato faça uma visita à página virtual referente aos diversos concursos promovidos pela banca e reúna um número razoável de questões das matérias que serão cobradas na prova oral do certame para ter uma boa ideia de que valências deve trabalhar com mais afinco.

A rigor, o candidato que chega à prova oral da AGU já está com a aprovação muito bem encaminhada – usualmente, o índice de reprovação na prova oral não chega sequer a 10% do total de candidatos que a ela se submetem.

No entanto, existe uma diferença entre ser simplesmente aprovado numa prova oral e nela obter um desempenho extraordinário ou acima da média.

Para conseguir isso, é imprescindível que o candidato se habitue a verbalizar o conhecimento jurídico de forma concisa, clara e objetiva – e isso só se adquire a partir do treino exaustivo, avaliação e feedback das pessoas com quem você estiver treinando.

No meu período de preparação para a prova oral da AGU, que se iniciou já antes da divulgação da data de realização das provas, chegava a treinar quase 5 (cinco) horas por dia, quase todos os dias, com diferentes pessoas – o que é extremamente cansativo, por um lado, mas é o melhor meio de entrar no "modo automático" para enfrentar esse tipo de arguição.

Em paralelo a esses treinos, que eram a minha prioridade, utilizava o pouco tempo restante para revisar as matérias que eram objeto do exame.

Com a divulgação das datas de prova e a proximidade da "hora da verdade", é natural que surjam questionamentos acerca da suficiência da preparação – no entanto, independentemente de qualquer insegurança que o candidato tenha dentro de si, é imprescindível que ele se mantenha estudando e treinando até a data da prova (ou da viagem com destino a Brasília).

Eu mesmo, por ter optado por uma preparação mais enxuta do ponto de vista do investimento em cursos, achava que seria impossível fazer uma boa nota, ainda mais tendo como parâmetro conhecidos que estavam investindo pesado na preparação.

Não obstante, a combinação do treino exaustivo cumulado com a revisão dos pontos principais de cada matéria, aliada a uma boa dose de sorte no sorteio das questões do meu turno de arguição, fizeram com que eu obtivesse um bom desempenho inclusive na prova oral, o que fez com que eu retornasse à posição que ocupava antes da recorreção da P4 (de volta ao 13º lugar, portanto).

Um fator muito importante a ser destacado, ainda no que se refere à prova oral, é que ela apresenta, dentre as três etapas eliminatórias do concurso da AGU, aquela em que o elemento álea aparece com mais intensidade: digo isso não para que isso seja usado como "desculpa" para eventual mal desempenho, mas sim com o intuito de deixar os candidatos cientes de que o sorteio das questões que irão ser cobradas estão fora do seu controle (em outras palavras: estude todos os pontos das disciplinas, pois todos são passíveis de cobrança).

O peso do elemento "álea" se reflete, é claro, no desempenho dos candidatos: conheço pessoas que estavam entre os 15 primeiros antes da prova oral e perderam 30, 40 posições porque "deram o azar" de cair num turno que pegou questões mais complicadas, notadamente a seguinte questão, de Direito Processual Civil:

> "O arresto de bens, cautelar ou executivo, pressupõe sempre a presença dos requisitos do *fumus boni iuris* e do *periculum in mora*? É obrigatório o prévio ajuizamento de execução por quantia certa para a efetivação do arresto executivo? O arresto cautelar garante o direito de preferência do credor? Justifique sua resposta"

Essa questão derrubou muita gente boa – não no sentido de reprova-los (por mais que apareça uma questão difícil no seu turno, a reprovação na prova oral é exceção, e não a regra geral), mas no de diminuir sua pontuação geral – o que inevitavelmente se reflete na classificação final do certame.

Destarte, por mais que o candidato esteja bem preparado (pressuposto inafastável para o bom desempenho nos exames orais), é preciso ter em mente que os cenários de arguição são muito amplos e vão variar bastante mesmo entre os candidatos, a depender do turno e dia de arguição.

Tendo em vista esse panorama, o bom candidato deve ter em mente que a preparação de excelência para a prova oral perpassa pelo treinamento exaustivo da verbalização do conhecimento jurídico (habilidade decisiva para o bom desempenho), cumulado com uma preparação abrangente e multidimensional e, indiscutivelmente, uma desejável dose de "sorte" – nunca é demais lembrar, contudo, que a probabilidade de você vir a "dar sorte" na prova oral (ou seja, ser arguido somente sobre pontos que você domina) aumentará de acordo com a consistência da sua preparação – com efeito, o candidato que sabe a maioria dos enunciados sumulares, está em dia com a jurisprudência dos Tribunais Superiores e tem domínio dos aspectos doutrinários básicos de cada uma das matérias arguidas dificilmente não terá um bom desempenho na prova oral.

9

APROVAÇÃO FINAL, NOMEAÇÃO E POSSE

No que se refere ao meu caso específico, tive a felicidade de reunir os dois elementos-chave para um bom desempenho na prova oral da AGU: além de ter treinado exaustivamente a verbalização do conhecimento jurídico, tive uma boa dose de sorte no que se refere às questões cobradas no meu turno de arguição – e tinha buscado, na medida do possível, fazer uma preparação abrangente em todas as disciplinas.

Por mais que a adrenalina e o aspecto emocional tenham um papel considerável, sobretudo na reta final da preparação para esses exames, o conhecimento jurídico continua sendo o fator mais importante para um bom rendimento em provas orais, em geral, e na prova da AGU, em particular – a rigor, o grande "quê" da prova oral está centrado na forma de apresentação desse conhecimento ao examinador, que sai do mundo frio do "papel e caneta" e passa para o plano da interação direta com os responsáveis pela sua avaliação.

Assim, é importante que o candidato seja capaz de demonstrar ao examinador, na medida do possível, solidez e firmeza na formulação de suas respostas, sempre buscando a forma mais natural de esclarecer os pontos que lhe forem indagados. No mesmo sentido, saber utilizar o tratamento protocolar reservado aos membros da carreira e demonstrar respeito e diligência na resposta a eventuais perguntas adicionais também é essencial.

Vou dar um exemplo claro disso aqui: na minha prova oral, fiz a pontuação de 96.25 – uma pontuação boa considerando a média obtida pelos demais candidatos, mas que poderia ter sido melhorada se eu tivesse me preocupado em ser "menos decoreba" e mais natural em uma das indagações que foram formuladas a mim.

Dentre todas as questões sorteadas para o meu turno, a única em que não obtive a nota máxima foi justamente a mais simples: uma questão de Direito Econômico que traz um ponto extremamente "manjado" da matéria. Vejamos o teor da "pergunta":

> Especifique, em conformidade com a doutrina dominante, as formas ou modalidades de intervenção do Estado no domínio econômico, citando exemplos de cada uma delas.

Se você já teve algum contato, ainda que superficial, com o estudo do Direito Econômico, é muito provável que não encontre dificuldades em formular uma resposta satisfatória para essa indagação – e foi exatamente assim que me senti quando li o enunciado (tanto é que optei por respondê-lo antes das questões das demais matérias).

Em adendo a essa euforia com a aparente facilidade da questão que foi posta, eu já havia me deparado com o tema "formas de intervenção do Estado no domínio econômico" pelo menos em duas oportunidades de treinos realizados com amigos que me ajudaram na prova oral – era, portanto, um cenário de prova que me deixava extremamente confortável.

Já havia, inclusive, formulado um "nariz de cera" para responder a perguntas que envolvessem esse tipo de tópico, com a citação da clássica lição de Eros Roberto Grau, que divide as formas de intervenção do Estado em três modalidades: por absorção ou participação, por direção ou por indução.

Iniciei a minha explanação citando a classificação proposta pelo ex-Ministro do STF – contudo, acabei me preocupando demais em reproduzir cada vírgula da classificação do ilustre autor e negligenciando em focar no que realmente interessava ao examinador, que eram os aspectos mais básicos a respeito da intervenção do Estado no domínio econômico, acompanhados dos exemplos de cada uma das modalidades de intervenção – essa postura acabou fazendo com que a minha resposta fosse incompleta e não merecesse a pontuação máxima.

Meu erro foi querer "dar uma de sabichão" para o examinador: assim que li a pergunta e lembrei que **não só já havia treinado para responder a uma questão sobre esse assunto, como inclusive havia memorizado a classificação proposta por um examinador de peso a respeito da matéria, julguei que a questão estava "no papo" e acabei pagando o preço por isso, ao negligenciar os aspectos mais básicos da resposta esperada.**

Assim, é importante internalizar que a demonstração do conhecimento jurídico aos examinadores deve ser feita com naturalidade e sem o afã "professoral" – se você tem memorizada, por exemplo, alguma classificação, nada impede que você a cite durante a arguição – no entanto, tenha em mente que a sua resposta não deve se limitar a isso – lembre-se que os examinadores não estão interessados em candidatos-robô, que apresentam respostas decoradas para cada questionamento, mas sim em aferir a sua capacidade de argumentação consistente, precisa e rápida acerca dos pontos objeto da avaliação.

Em que pese esse pequeno deslize na formulação da resposta à questão de Direito Econômico, sai da sala de prova oral com a absoluta convicção de que havia respondido muito bem à maioria dos questionamentos apresentados – o que seria suficiente para a minha aprovação.

Segui rumo ao hotel e acabei vivenciando um momento curioso horas depois – mais próximo ao final da tarde e início da noite, por ironia do destino, encontrei fortuitamente com um dos examinadores da prova no elevador do hotel em que estava hospedado. Após cumprimentá-lo, não tive outro assunto em mente que não ser falar rapidamente a respeito da prova: comentei como deveria ser cansativo arguir dezenas e dezenas de candidatos, com as mesmas perguntas, durante um turno inteiro, e perguntei em seguida o que ele havia achado dos examinados daquele dia (dentre os quais, obviamente, eu estava incluído).

Em poucas palavras, ele me informou que estava realmente cansado, mas que o nível dos candidatos havia sido muito satisfatório – o que eu imediatamente interpretei como um forte indício de que haveria uma aprovação maciça (da qual obviamente eu esperava fazer parte).

Alguns dias depois, veio, enfim, o resultado preliminar da prova oral, com a confirmação da tão perseguida aprovação: para tornar tudo ainda mais saboroso, todos os amigos e conhecidos que haviam prestado a prova também foram aprovados.

Existem poucas coisas na vida mais satisfatórias do que traçar um objetivo e alcançá-lo depois de investir bastante tempo e energia na sua realização – e foi exatamente esse o meu sentimento ao conseguir a aprovação no certame da AGU.

Algum tempo depois, veio a notícia da aprovação para a prova oral da PFN, à qual também me submeti, mas dessa vez sem qualquer pressão por bons resultados: o meu objetivo, que era a AGU, já havia sido atingido.

9.1. A PREOCUPAÇÃO COM A PROVA DE TÍTULOS

Tendo vivido esse concurso por algum tempo (mais de dois anos entre o início dos estudos e a data da posse), bem como mantido contato com pessoas que prestaram o concurso mais recente, notei que existe uma preocupação muito comum entre aqueles que se submetem ao certame: saber a exata medida do peso dos títulos na classificação final dos aprovados (o que vai influir, por exemplo, sobre o momento ou mesmo a ocorrência ou não da tão esperada nomeação).

Com efeito, é muito comum, sobretudo para quem está acostumado a prestar concursos de advocacia pública para cargos dos demais entes federativos (procuradorias estaduais e municipais, principalmente) se preocupar bastante com esse aspecto.

Isso acontece basicamente por ser comum que, em alguns desses certames, o peso da pontuação atribuída aos títulos desempenhe um papel decisivo na colocação que o aprovado alcançará ao final do processo de seleção.

Assim, não raro é raro vermos pessoas que estariam aprovadas dentro das vagas oferecidas no edital (se considerássemos apenas o desempenho na prova em si) serem reposicionadas para colocações que não permitem qualquer projeção acerca da nomeação.

Felizmente, o concurso da AGU costuma fugir um pouco desse padrão – o que torna esse certame ideal para pessoas recém-formadas, que ainda não tiveram tempo de concluir pós-graduações ou mestrados ou publicar livros.

Quando me propus a apostar as fichas na preparação para o certame da AGU, inclusive, sempre me questionei se o fato de "não ter títulos" (descontada uma ou outra aprovação para cargos privativos de bacharel em direito – algo que qualquer pessoa do meio consegue sem muito esforço) iria me prejudicar no momento de aferir a classificação final.

Esse sentimento de dúvida se amplificou naturalmente quando a etapa de provas eliminatórias (objetiva, discursiva e oral) já estava encerrada – sobretudo pelo receio de que todo o investimento para fazer boas provas fosse por água abaixo pela falta de "rodagem" no mundo jurídico.

No entanto, com base no que aconteceu no concurso de 2012/2013, não tenho dúvidas em afirmar que o peso da pontuação dos títulos terá importância inversamente proporcional ao seu desempenho nas provas eliminatórias: se você se demonstrar capaz de apresentar bom desempenho no resultado agregado geral das provas, dificilmente perderá muitas colocações na fase de títulos, ainda que seja um daqueles candidatos "sem títulos", que se graduaram há pouco tempo ou ainda estão na faculdade.

Eu, por exemplo, perdi apenas uma colocação nessa fase, passando do 13º para o 14º lugar. Conheço candidatos que ficaram entre as 10 primeiras posições que nem sequer perderam posições, mesmo "não tendo títulos".

No entanto, é preciso ter em mente que, quanto mais "apertado" estiver o concurso, maior será o peso do fator títulos na colocação final. Partindo de tal premissa, fica muito claro que, se você quiser que os títulos "não façam a diferença", deve se preocupar primordialmente em fazer provas excelentes (principalmente a discursiva, que tem peso maior na pontuação final), capazes de te catapultar a uma colocação em que esse fator não seja um diferencial.

Nesse ponto, é importante frisar que o concurso da AGU é extremamente justo e dificilmente dá ensejo ao panorama tão conhecido por quem já fez alguns concursos de procuradorias estaduais e municipais e, mesmo após fazer provas excelentes, foi colocado para "fora do páreo" por simplesmente não ter titulação suficiente.

9.2. HOMOLOGAÇÃO, NOMEAÇÃO E POSSE

Poucos meses após a confirmação da prova oral e o decorrer dos trâmites naturais do certame, tive a felicidade de, enfim, receber a notícia da nomeação, tendo tomado posse como Advogado da União em 15/05/2013.

Se considerarmos a data de publicação da primeira versão do edital até a data da posse, foram exatos 376 (trezentos e setenta e seis dias) de caminhada.

Felizmente, não passei pelo período de tormenta (hoje em dia tão comum entre os aprovados em concursos mais recentes) de aguardar muitos meses de espera até a tão sonhada nomeação – era, ainda, um período de "vacas gordas" em termos de nomeação para os mais variados cargos públicos – inclusive para a AGU.

Ao final, a sensação de dever cumprido e o sentimento indescritível de conseguir uma conquista amparada nos seus próprios méritos acaba fazendo todo o processo de preparação, muitas vezes doloroso, valer a pena.

O fato de ter estudando Direito Administrativo de forma exaustiva durante os dois anos de preparação fez com que a matéria logo se tornasse aquela pela qual eu tenho maior afeição – panorama que se mantém até hoje.

Curiosamente, minha lotação atual envolve justamente a consultoria jurídica de temas típicos do Direito Administrativo.

Destarte, ter a possibilidade de atuar, no dia a dia da advocacia pública, com o ramo jurídico com o qual eu possuo maior afinidade (e ainda ser pago por isso) é algo que faz o exercício do cargo valer muito a pena para mim.

10
A CARREIRA E AS SUAS PERSPECTIVAS

Quem acompanha o mundo das carreiras jurídicas deve ter ciência de que, nos últimos anos, houve uma verdadeira reviravolta em termos de valores de subsídios e melhorias voltadas para os membros integrantes das carreiras jurídicas mais tradicionais, notadamente os que militam na Magistratura e Ministério Público.

Com efeito, quando eu prestei o concurso da AGU, a diferença remuneratória em relação a uma Magistratura Federal, por exemplo, não era algo gritante, em termos relativos – destarte, considerando as carreiras da órbita federal, prevalecería o interesse do indivíduo em optar por basicamente dois caminhos: de um lado, uma carreira que, via de regra, lhe daria maior qualidade de vida e mais tempo livre para desenvolver outras atividades (profissionais ou não), com direito a uma remuneração em patamar condizente com a complexidade das atribuições do cargo, e, de outro, carreiras indiscutivelmente mais tradicionais (até por serem mais antigas), que trazem consigo um grau de responsabilidade funcional mais acentuado e envolvem a lida diária com assuntos extremamente delicados, a exemplo do Direito Penal (casos da Magistratura e do Ministério Público, fundamentalmente) – essas carreiras, a seu turno, já ofereciam uma remuneração substancialmente superior em relação às primeiras.

No entanto, a aprovação da concessão de benefícios como o auxílio-moradia e a conquista de reajustes diferenciados para os valores pagos a título de subsídio para magistrados e membros do MP fez com que passasse a existir um verdadeiro abismo remuneratório em relação a essas carreiras, quando comparadas com as de advocacia pública (sobretudo a federal) – isso tudo sem falar no amplo rol de prerrogativas inerentes àquelas carreiras e ainda hoje inexistentes na advocacia pública, a exemplo da independência funcional.

Para completar esse panorama, a vedação institucional em torno da possibilidade de exercício de advocacia privada e de rateio dos honorários advocatícios (tão comuns em cargos de advocacia pública estadual e municipal) fez com que um sentimento de insatisfação generalizada se alastrasse pela quase totalidade dos advogados públicos federais – e isso inclui todas as carreiras integrantes da AGU.

Outro aspecto muito combatido pelos que hoje integram a AGU, sobretudo por aqueles que precisaram "mudar de cidade" para exercer o cargo, é a dificuldade de remoção para determinados locais (notadamente para algumas capitais brasileiras). Assim, a "volta para casa" vinha se mostrado como algo praticamente impossível, em alguns casos (sobretudo no que se refere às capitais dos Estados da Região Nordeste, que possuem uma "fila de espera" praticamente interminável).

Esses fatores, em conjunto, fizeram com que muitos dos membros optassem por continuar prestando outros concursos (ou voltassem a fazê-los depois de um tempo), o que faz com que ainda hoje seja rotineira a aprovação e nomeação de Advogados da União (e de Procuradores da Fazenda Nacional, Procuradores Federais, e Procuradores do Banco Central) para outras carreiras, gerando um percentual de evasão cada vez mais alarmante.

Eu mesmo cheguei a fazer mais alguns concursos para cargos que julgava realmente interessantes, a exemplo do certame da PGE-RN, dentre alguns outros – não havendo sido nomeado em nenhum deles até o momento, no entanto.

Por fim, a inexistência de uma carreira de apoio específica, ao contrário do que ocorre nas demais carreiras jurídicas de grande porte, mostrou-se um empecilho para o bom desempenho das atribuições constitucional e legalmente dirigidas à AGU, tendo em vista que, em muitos casos (sobretudo em localidades com verba orçamentária mais modesta), os advogados públicos federais se tornam, na prática, responsáveis por exercer tarefas que estão muito mais próximas dos aspectos administrativos do serviço público do que das análises e da atuação jurídica propriamente ditas – sempre lembrando que apenas essas últimas são, ao fim e ao cabo, as reais atribuições do cargo de Advogado da União.

Em decorrência de toda essa conjuntura, após uma atuação incessante e incansável dos membros que continuam a integrar os quadros das diversas carreiras da AGU, começaram a aparecer alguns sinais que podem indicar melhorias substanciais na advocacia pública federal, em um futuro não muito distante, desde que convertidos em realidade.

De um lado, as primeiras iniciativas voltadas à implementação do sistema de teletrabalho começam a ser implementadas em alguns dos órgãos da AGU – o que fará com que, num futuro próximo, o advogado público federal possa ter uma maior margem de escolha sobre a localidade em que residirá, sempre respeitando os limites e as balizas voltadas ao atendimento do princípio da eficiência no desempenho do cargo público e apostando ainda que tal medida acarretará o incremento da produtividade, que deve ser avaliado mediante critérios objetivos e ser utilizada como razão preponderante para aferir a necessidade da presença física do advogado público em determinado local.

Por óbvio, o sucesso da implementação dessa iniciativa pressupõe e tem como premissa maior a otimização do serviço e do exercício das atribuições institucionais da advocacia pública.

Com efeito, deve-se levar em conta a existência de órgãos e departamentos em que parte substancial das demandas levadas aos órgãos de consultoria e assessoramento jurídicos mantidos pela AGU pode ser resolvida pelo sistema eletrônico *SAPIENS*, que permite ao advogado público acessar os processos de sua responsabilidade (sejam eles administrativos ou judiciais) pela via eletrônica, em qualquer lugar em que esteja, e a qualquer momento (seja de dia, à noite, ou até de madrugada).

O mesmo raciocínio vale, na maioria dos casos, para as tarefas afetas à representação judicial da União.

Ademais, é importante frisar que **o princípio da economicidade também será atendido à medida que, quanto maior for o êxito da iniciativa do teletrabalho, maior será a economia do Poder Executivo com gastos relativos à energia, aluguel de imóveis para alocar advogados, manutenção do sistema de informática, dentre tantos outros.**

Quanto a esse ponto específico, é importante frisar ainda que a implementação progressiva do teletrabalho no âmbito do serviço público federal não é uma iniciativa exclusiva da Advocacia-Geral da União, sendo que já há iniciativas no mesmo sentido em diversos outros órgãos e instituições, a exemplo dos Tribunais Superiores e do Ministério Público Federal.

De outro norte, no que se refere às demais demandas apresentadas pelos membros da carreira, deve-se destacar que, no momento em que esse livro está sendo escrito, seguem em tramitação projetos de lei que buscam atender às outras reivindicações apresentadas pelos membros – uma vez atendidas, não há dúvidas de que a AGU se torna uma carreira que oferece um pacote substancialmente atraente para aqueles que tenham algum interesse em ingressar nos seus quadros – o que fatalmente se refletirá em aumento da satisfação profissional e diminuição da evasão da carreira.

Quanto aos honorários advocatícios, é mister lembrar que o Código de Processo Civil de 2015, que entrou em vigor em 18 de março de 2016, já prevê, de forma expressa, o direito de percepção de honorários de sucumbência pelos advogados públicos, no seu artigo 85, parágrafo 19. Falta apenas, portanto, a regulamentação de tal direito por lei específica para a advocacia pública federal – e é esse exatamente o objeto do PL n.º 4.254/2015.

De outro norte, se efetivamente implementada, a possibilidade de exercício da advocacia fora das atribuições institucionais certamente deverá respeitar uma série de balizas e ser devidamente fiscalizada, mas indiscutivelmente será um incremento capaz de fazer com que a AGU atraia pessoas com verdadeiro perfil para o exercício da advocacia – algo indispensável para o fortalecimento e engrandecimento da instituição, a exemplo do que ocorre em diversas Procuradorias Estaduais.

Por fim, a tão demandada criação e implementação de uma carreira de apoio própria também é medida imprescindível para a otimização da própria atuação da AGU nas mais diversas instâncias, capaz de fazer com que o Advogado Público Federal passe a se preocupar única e exclusivamente em produzir manifestações jurídicas de qualidade, aptas a resguardar o patrimônio público em suas mais diversas nuances, fazendo com que a tutela do interesse público como um todo seja atingida de forma plena.

Pode-se dizer, portanto, que existem perspectivas razoáveis de melhorias substanciais na carreira para um futuro próximo – a depender do desenvolvimento dos trâmites legislativos.

MENSAGEM FINAL

A caminhada para aprovação em concursos, via de regra, não é um processo fácil.

Com o concurso da AGU não é diferente.

É preciso se acostumar a conviver com altos e baixos, incertezas e pressões as mais diversas – até que o objetivo venha a ser, enfim, alcançado.

No entanto, se você for capaz de manter o foco inteiramente na qualidade do processo de preparação – ou seja, se preocupar em desenvolver, com regularidade e obstinação, uma rotina de estudo própria capaz de te fazer atingir o seu verdadeiro potencial, certamente os resultados virão – mais cedo ou mais tarde.

Sendo assim, espero que esse livro possa ajudar pessoas com os mais diversos perfis: para aquelas que nunca conseguiram uma aprovação para uma prova discursiva, que ele sirva para uma mudança radical de postura e de hábitos que certamente irá se refletir numa otimização dos resultados. Espero vê-los nas provas discursivas do próximo concurso da AGU.

Para os mais "desenvoltos", espero que a leitura sirva para passar as minhas impressões e experiência pessoal, possibilitando que os horizontes e conceitos sobre preparação para concursos sejam discutidos e repensados – e que isso se reflita, de alguma forma, na introdução de eventuais elementos que estejam sendo negligenciados na sua rotina de estudo.

Por fim, torço para que, quem sabe em um futuro não muito distante, possa conviver com colegas que venham a me contar que "leram o meu livro", e que ele ajudou, de alguma forma, no seu processo de preparação.

www.editorajuspodivm.com.br